苏州市工商档案管理中心 组织编写

苏州民族工商业百年名企系列丛书

百年民丰

孙骏毅 著

苏州大学出版社
Soochow University Press

图书在版编目（CIP）数据

百年民丰／孙骏毅著；苏州市工商档案管理中心组织编写. —苏州：苏州大学出版社，2021.4
（苏州民族工商业百年名企系列丛书／卜鉴民主编）
ISBN 978-7-5672-3396-6

Ⅰ.①百… Ⅱ.①孙… ②苏… Ⅲ.①锅-金属炊具-工业史-苏州 Ⅳ.①F426.89

中国版本图书馆 CIP 数据核字（2020）第 228255 号

百年民丰

孙骏毅 著

责任编辑 王 亮

苏州大学出版社出版发行
（地址：苏州市十梓街 1 号　邮编：215006）
苏州工业园区美柯乐制版印务有限责任公司印装
（地址：苏州工业园区东兴路 7-1 号　邮编：215021）

开本 700 mm×1 000 mm　1/16　印张 9.25　字数 151 千
2021 年 4 月第 1 版　2021 年 4 月第 1 次印刷
ISBN 978-7-5672-3396-6　定价：36.00 元

图书若有印装错误，本社负责调换
苏州大学出版社营销部　电话：0512-67481020
苏州大学出版社网址　http：∥www.sudapress.com
苏州大学出版社邮箱　sdcbs@suda.edu.cn

《苏州民族工商业百年名企系列丛书》编委会

主　　　编：卜鉴民

副 主 编：谈　隽　谢　静

　　　　　　吴　芳　陈　鑫

常务副主编：赵　颖　栾清照

参 编 人 员：苏　锦　皇甫元

古城烟雨　百年风云

一座城，一百年，一代名企。

故事就此拉开序幕。

苏州，一座拥有2500多年悠久历史的古城。史学家顾颉刚在《苏州史志笔记》中说："苏州城之古为全国第一，尚是春秋物……"始于春秋，历经战国、秦汉……宋元明清，直至新中国，沧桑岁月给古城镌刻下一道道记忆的年轮。

苏州城是古老的，苏州城亦是坚忍不拔的。公元前514年吴王阖闾令伍子胥建阖闾大城，伍子胥率领人员，不辞辛劳，"相土尝水，象天法地"，终于使一座周围47里，有8座陆门、8座水门的姑苏大城屹立在了太湖之滨。经历了几千年风风雨雨的侵蚀，苏州古城的位置至今未变。与中国现存最早的城市平面图宋代《平江图》相对照，苏州古城的总体框架、骨干水系、路桥名胜基本一致，依旧保持着水陆并行、河街相邻的双棋盘格局，这在全世界都是极其罕见的。按照现在的标准，伍子胥就是一位伟大的城市规划设计师。吴地的百姓没有忘记这位功臣，千百年来，胥门、胥江、胥口总是与伍子胥的名字连在一起。每年的五月初五端午节，人们以吃粽子、划龙舟等方式纪念伟大的爱国主义诗人屈原，和屈原一同被吴地百姓纪念的还有伍子胥。

一百年，相对于一个城市来说，似乎太年轻了，尤其是历史如此悠久的古城苏州。一百年，对于一个企业而言，已经是一位白发苍苍的老者，长长的白胡子里满装着企业兴衰沉浮的故事。谁都想做百年企业，但是"创业容易守业难"，如何将苦心经营的企业很好地传承下去是摆在众多企业家面前的一道难题。目前，我国企业的平均寿命不足五年，世界五百强企业的平均寿命不足五十年，成为百年企业何其难得。

钟灵毓秀的苏州孕育出了一个个优秀的民族企业：苏纶纺织厂、东吴丝织厂、振亚丝织厂、鸿生火柴厂、雷允上制药厂、嘉美克钮扣厂、民丰锅厂……她们撑起了苏州民族工商业的一片天，是苏州经济发展道路上一道道亮丽的风景。苏纶纺织厂滋养了几代苏州人，"三个苏州人里就有一个跟她有着渊源"，"天官牌"棉纱、"飞鹰牌"棉布誉满江南；东吴丝织厂生产的塔夫绸闻名世界，拥有"塔王"的称号，深受英国王室的钟爱；雷允上制药厂的六神丸家喻户晓、驰名中外……无论是棉纱、丝绸，还是火柴、铸锅，抑或是药品、钮扣，它们都与老百姓的生活息息相关，在人们的日常生活中扮演着不可或缺的角色。

人们感谢这些企业，她们令苏州的经济不断腾飞，令大家的生活更加滋润。然而旁人看到的大多是她们辉煌灿烂的模样，有谁真正知晓个中的滋味。没有哪个企业可以随随便便成功，成为百年老企绝非易事，当初筚路蓝缕、艰苦奋斗的故事几人能晓。经过历史的积淀、岁月的浮沉，这些百年老企也已经物是人非，除了个别企业坚强地生存着，很多也已随时间进入了历史的深处。作为苏州民族工商业奠基石的苏纶厂，其庞大的厂区如今已被打造成苏纶场民国风情街，成为南门商业圈的一部分，只有两座裕棠桥还能让上了点年纪的人惦记着曾经的苏纶厂。鸿生火柴厂红灰相间的小洋楼宛如一艘风雨归来的帆船，依然停泊在护城河边，只是已成为一家港式早茶店。还有多少老企业已难觅踪迹，历史不应该被遗忘，吴地企业辛勤耕耘的奋斗史更不应被遗忘，我们应该为之做点什么。

21世纪初苏州国有企业产权制度改革时，全国首家专门管理改制企业档案的事业单位苏州市工商档案管理中心应运而生，集中收集、保管和利用改制企业档案，使一大批珍贵的工商业档案得以保存，这其中就有很多百年老企的身影。而今恰逢一群熟悉百年老企，甚至是在百年老企生活、工作过几十年的老苏州，愿意用他们真诚的笔墨记录下过往的故事，展现百年老企跌宕起伏的行走足迹，这无疑是一件利泽千秋的好事。在此契机下，苏州市工商档案管理中心组织编写这套《苏州民族工商业百年名企系列丛书》，希望通过丛书留存一段历史，为后人留下一笔宝贵的精神财富。

烟雨中的古城美丽依旧，静静地倾听百年老企的风云故事。

目 录

卷首语 …………………………………………………… (1)

第一章 发家篇——你方唱罢我登场 ………… (5)

 苏锅鼻祖本姓江 ………………………………… (7)
 东边炉冷西边热 ………………………………… (12)
 炉火辉映枣市街 ………………………………… (17)
 新振源野心勃勃 ………………………………… (23)
 霸主日子也难过 ………………………………… (26)
 大狗小狗都要叫 ………………………………… (29)

第二章 苦斗篇——炉火熊熊炼斗志 ………… (37)

 暗流涌动不眠夜 ………………………………… (39)
 工潮并未停息 …………………………………… (43)
 黎明前的黑暗 …………………………………… (45)

第三章 创业篇——激情岁月交响曲 ………… (51)

 柳暗花明又一村 ………………………………… (53)
 貌合神离的炉主们 ……………………………… (57)
 公私合营走新路 ………………………………… (61)
 铸锅先铸"心" ………………………………… (66)
 高涨的劳动热情 ………………………………… (73)
 激情与悲怆变奏曲 ……………………………… (78)
 顶住压力渡难关 ………………………………… (81)
 冬天里的春天 …………………………………… (86)
 技术革新求发展 ………………………………… (93)

第四章　情怀篇——润物无声见真情 (99)

　　并非传奇的真情故事 (101)
　　给点阳光就温暖 (104)
　　民丰福利也不差 (107)
　　灰冷中的暖意 (111)

第五章　流火篇——百年熔炉熄灭时 (117)

　　风吹皱一池春水 (119)
　　心里放不下民丰 (123)
　　铸锅人的绵绵乡愁 (126)
　　摘掉厂牌以后 (129)

附录一　苏州冶坊业暨民丰锅厂沿革史图表 (133)

附录二　铸锅人的习俗、行话 (135)

后记 (137)

卷首语

民以食为天，食以锅为器，锅碗瓢盆是烹饪必不可少的食具。

吴越之邦，民间冶铸一向特别兴旺。自汉武帝元光六年（公元前129年）至清代末年，长达2 000多年，官府对民间冶炼铸铁既默认，又严加控制。依汉制全国设49个铁官，每个铁官下设数个冶铁作坊。商贾要涉足此业，首先要获得官府颁发的"官炉"冶帖（证书），其次还要具备相当强的经济实力。民间有所谓"冶十万"之说，说的是能从事冶炼铸铁业的大多是富商大贾。"铁官"划地而设，"官炉"分城而建，"锅销"归区而售。至清代中期，"铁官"已废，"官炉"之制也已松弛，以广纳税赋代之，但"官炉"冶帖一直留存并沿袭了下来。

成熟的冶炼技术是苏锅制作的根基。据《吴县志》记载："娄关（即娄门）小志，六门附郭共十六房，娄关江氏世业，今易他姓者虽多，然其称犹江氏也。业祀炉冶夫人。相传宋，李江氏，孝妇殉身，铸锅成神者。"这段记载表明娄门外的江氏冶坊是苏锅的鼻祖，始创于北宋年间，其后续分支多达16座冶坊，或盛或衰，断断续续，前后延续了900多年。20世纪中期，娄门外有一条明显高于地面的由西向东的渣土路，就是炼铁炉倾倒的废渣堆起来的。娄江两岸，十几家江氏冶铁炉终日烟熏火烤，捶铁声叮当作响，装载铁锅的货船来来往往，即便夜色降临，炉焰映照也能照亮半边天。江念房冶坊更是气度不凡，其沿街墙壁上赫然写着"官炉冶坊"四个大字，每个字足有方桌大。

清光绪四年（1878年）八月，来自浙江乌镇的沈余昌官炉冶坊选址胥门外枣市桥一带，敲锣打鼓率先开张。沈氏大族的沈达三、沈勉斋、沈和甫、沈青士等先后担当炉主。该冶坊仗着背景硬、实力强、产销活，落户苏州后十分顺兴，较长时间内无人可与其相抗衡，在苏州一直垄断60余载，直到20世纪30年代末才逐渐走下坡路。1939年改组成"馀昌兴"官炉冶坊，1940年又改名为"懋丰"官炉冶坊，后因面对后起之秀新振源官炉冶坊的挑战，生意萧条，力不从心，终于在

1942年停炉歇业。

沈余昌倒下,新振源崛起。始创于清光绪三十二年(1906年)的新振源冶坊异军突起,与沈余昌二虎相争,尔虞我诈,在胥江畔进行你死我活的较量。新振源祖上官居四品,又有南通张状元(张謇)鼎力相助,终以"釜底抽薪"之法逐渐挤垮沈余昌冶坊,登上同行业霸主地位。除冶铸之外,新振源冶坊兼营铁锅和桐油,两业兴旺长达10多年,到1949年3月才拆股歇业。

1949年4月,民丰锅厂是在15家小规模私人冶坊自愿合并的基础上建立起来的,如开设在胥门外的"大德冶坊""泰昌冶坊""裕昌冶坊""胥门炽大冶坊"、开设在娄门外的江记诸冶坊、开设在阊门外的"大信冶坊""大中冶坊""信大祥冶坊"、开设在平门外的"江南冶坊""三丰冶坊"、开设在盘门外的"新源冶坊"等。民丰锅厂从私私联营到公私合营,最初有近千名员工,继承的仍然是苏锅的传统制作技术。(图1)尽管随着技术革新、设备更新,铸锅不再是简单的浇、铸、敲、磨,但苏锅"铁质纯净、厚薄均匀、脐小平正、口圆边齐、色泽白亮、不炸不裂、轻薄省柴、内外光滑、不偏不侧"的传统特点一直得以延续。

民丰锅厂是我国铸锅行业12家大型工厂之一。从一份1982年年底的产品销售利润明细表中可以看出,铁锅位列该厂的主要产品之首,其中还细分为连锅(有边锅)15种规格、广锅(无边锅)15种规格、耳锅(有耳襻的锅)10种规格、平锅(俗称煎锅)5种规格。喜欢爆炒颠勺的,用带

图1 民丰锅厂百年老炉

(图片来源:苏州市工商档案管理中心)

把炒锅比较顺手；喜欢炖煮的，用耳锅更为方便；炒菜则用平锅。

一个百年品牌不仅在当时《申报》《苏州明报》等记者的笔下扬名，更在老百姓的赞誉里口口相传。老字号铁锅有不少品牌，如苏州铁锅、章丘铁锅、潍坊铁锅、磴县铁锅、关东铁锅、顺德铁锅、黔北铁锅等，而苏锅在吴越江南是一枝独秀、家喻户晓的。

然而，花无百日红。铸锅行业与火柴、肥皂、制扇等传统行业一样，完成了从朝阳产业走向夕阳产业的由盛而衰的蜕变过程。铝材、不锈钢、新型陶瓷等材质的锅子相继登台，以其轻便、清洁、传热快等特点很快占领市场，传统铁锅就像被遗弃的怨妇一样退居冷宫了。

1994 年，民丰锅厂并入苏州钢铁厂。2004 年，其生产车间从城区搬迁至浒关苏州钢铁厂厂区，原城区土地整体出让给苏州市吴中集团。从此，这个苏锅的娘家逐渐淡出了人们的视线。

一代人，又一代人，从大大小小的冶坊走进民丰锅厂，又从民丰锅厂走出来。走出来的民丰人怀念民丰苏锅，其实就是怀念那种把普通炊具做到极致的工匠精神。

精神是不死的，尽管枣市街上的枣香早已飘散，那高出屋脊的铁炉悄然熄灭，胥江上载锅的货船也已经远去，但留存下来的还有"百年民丰"的美好记忆。

苏锅的记忆在苏州人的心里难以泯灭。

第一章

发家篇

——你方唱罢我登场

苏锅鼻祖本姓江

宋仁宗景祐二年（1035年），朝廷实施经济改革新政，奖励农耕和商贸，刺激一部分人开始作坊式生产和经营。长得五人三粗的江氏本是浙江湖州一家铁匠铺的炉主，偶然听亲戚说苏州一带经济繁荣、赚钱容易，暗中窃喜，以为捕捉到商机了，就从老家雇了一条木船悄悄来到苏州，在娄关（即娄门城墙）（图2）外觅得一块空地落脚生根，挂出"江记铁铺"的招牌，砌起一座小高炉，开始浇铁铸锅。这时的苏州城里还没有一家店铺是铸造铁锅的。后来江记铁铺生意铺开来了，就更名为"江记冶坊"，代代相传，世袭经营，生意越做越大，且以冶铸铁锅而著名。这在我国铸锅史上是首屈一指的，它比明代宣德年间才兴旺起来的广东佛山家族铸锅还早了200多年。

图2 娄门城墙

（图片来源：苏州市方志馆）

据明代有关江南富户的资料记载，苏州娄门城外集聚一定数量的冶铁铸锅坊，沿娄江两岸排列，约二十余家均姓江，清乾隆六年（1741年）起，坊号均以"江"字开头，如江四房、江二房、江老房、江上房等。炉火昼夜不息，铸造各式锅具，也锻造锄锹等农具。自宋元以来，所铸铁锅远销松江、湖州、嘉兴、广德地区。据居住在娄门外的老一辈人口口相传，娄门外汪家桥附近曾经有三大江记"项管头"（旧时老冶坊的俗称，"项管"指风箱与熔炉间用缸泥制的通风管），整天发出"叮叮当当"的铁器敲击声，夜间常常炉火通红，照亮半边天。倒在冶坊外的炉渣堆积如山，连绵数里，成为一道半人高的渣土墙。

江记冶坊主要经营生铁冶铸产品，其生产的苏锅盛销江南，品种分为广锅、连锅、耳锅、平锅等。苏州解放后，江记冶坊并入民丰锅厂，又开发了搪瓷胶木柄耳锅、元铁耳锅、胶木单柄耳搪瓷炒锅等新品种。（图3—图5）

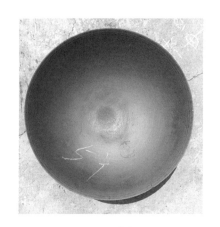

图3　广锅

图4　连锅

图5　耳锅

苏州人家炒菜、烧饭习惯用的是本地产的苏锅。纪录片《舌尖上的中国》第三季第一期的主题为"器"，说的是美食配美器，传统锅具成为传统烹饪必不可少的标配。传统苏锅的制作方法多用生铁做锅坯，其特点是铸造后要用冷水"激"一下，这样做出的锅含碳量高于熟铁锅。以前的生铁锅在锅底收口处会形成一个铁砣，是供修补用的。生铁锅比熟铁锅便宜，不易生锈，也容易打理。大熬大煮之类用生铁锅更好。据松鹤楼的老厨师说，过去用苏锅炒菜，不用一滴油照样能炒出膨松金黄的鸡蛋且不糊锅。这并非不可能，因为这种铁锅经过千万次敲打会形成网格底，同时铁质结构会发生一些变化，确实可以成为无涂层的不粘锅。较之现在的涂层不粘锅，除了洁净度稍差一点外，苏锅堪称天然补充铁元素的好锅。

苏锅的大小不以公分（相当于厘米）或立升（相当于升）来衡量，而以"张"为计量单位。乍一听难以理解，其实是有缘故的。各个地区的生活习惯都不一样，在铁锅的称谓上更是五花八门，在北方河南、河北、山东等省称"印"，在江西等省称"码"，在湖南、湖北、四川、江苏、浙江、安徽等省则称"张"。数字越大，意味着锅越大；反之，锅越小。铁锅由于品种不同，每张的容量也不同，每张铁锅的净重为0.6公斤（1公斤等于1千克），容量为2.645公升（相当于升）。锅子越大，每张的实际净重就越重，如2张的小铁锅标准重量为1.3公斤，24张的大铁锅，标准重量为12公斤。

苏锅以"张"计价，由来已久。其演变大致分为四个时期：清代中后期封建统治垄断的"官炉"主宰价格时期，铁锅零售价每张约合粳米3.67市斤（市斤即斤，1斤等于500克）；币值动荡的军阀混战时期，每张约合粳米3市斤；抗日战争时期，每张零售价约合粳米4.5市斤；中华人民共和国成立以后，由于成本不断下降，所以铁锅价格多次下调，20世纪80年代初期每张零售价约合粳米2市斤。

清乾隆六年（1741年），已更换业主的江记冶坊发生了徒工刀劈老板娘的恶性案件。那天，有个叫"小癞痢"的徒工因为实在做得太累了，就靠在生铁铸件旁眯了一会儿，正巧被下工场巡视的老板娘看见了。老板娘当即破口大骂他"是吃干饭的"，要克扣他当月的赏银和工钱。小癞痢非常气愤，就拿起一把半成品的菜刀，对准老板娘使劲砍去。老板娘幸亏闪及时，只被砍破了左臂的皮肉。江记冶坊立即把小癞痢扭送官府。冶坊工人闻讯后都同情小癞痢，因为他们和小癞痢一样，也曾被随意克扣工钱，所以，众人都放下手里的活，三五成群，吵吵嚷嚷，相约聚集到元和县衙击鼓喊冤，要求知县秉公办案为民作主。据说这事闹得很大，半个元和县都轰动了，连其他行业的一些工人也赶来声援。县衙震惊，唯恐发生民变，于是抓紧断案：小癞痢被责罚20大板，当庭保释；江记冶坊被责令停业半月，以一儆百。

元和、长洲二县衙为整治娄门外大大小小冶坊克扣工匠工钱、赏银的事,还专门勒石刻碑、张榜公示:

江南苏州府,元和、长州县卫姜(黄)为奉宪勒石事。案照苏城冶坊工匠多隶属锡、金二邑。所有坊内正作工银系九七银,七二折给;业载诸规划,相沿已久。乾隆二年,各工匠讼于金匮,议至重八内扣三分,合得八五。四年九月□□(石碑年久风化,字已不清,故以空方格代之,下同。)袁公耀、梅天锡等,或因从前在作,或因亲属充工,干预把持。先经呈奉升藩宪,饬同坊商公议,嗣控锡邑议给九五。详经前常州府徐议转。续据坊商江九成等将讼棍殃民等事,控蒙升藩宪徐批。行会议提集坊商工匠及袁公耀等到案,经本县等公同令鞫,已据各坊商情愿给九五银,八五折。在作工匠已各允服。即袁公耀等亦无异辞,取具遵依。详蒙苏常州府正堂汪魏转奉御前侍卫,江南、江苏等处十一府州,承宣布政使司。布政使,兼理浒墅关税务记录三次安,议转请勒石。并将袁公耀、梅天锡各拟重杖。详蒙经筵讲官,吏部尚书,总督江南江西部院加三级记录次扬,总理粮储提督。军务巡抚江宁等处地方都察院,右付都御史徐允示,转行下县。除遵提袁、梅二犯发落外,合行勒石。为此,仰坊商及各匠工知悉,嗣后,坊内应给正作工价、赏银,悉照定议九五银八五折,实足给发,无克少缺,无增多,永远遵行,勿再滋讼。须至碑者。

乾隆六年十月遵奉勒石。原呈:

江四房	即原呈	江怡隆
江二房	即原呈	江九成
江老房	即原呈	邵有诚
江八房	即原呈	朱紫惕
江长房	即原呈	江 善
江七房	即原呈	江继裕
江念房	即原呈	江恒隆
江三房	即原呈	江德新
江十三房	即原呈	□□□

江老六房	即原呈	江德荣
江十五房	即原呈	□□□
江十二房	即原呈	□□□
江十六房	即原呈	□□□
江上房	即原呈	□□□

（据苏州博物馆藏拓片，转载自《苏州民丰锅厂厂志》，有改动）

碑文字数不多，却清楚表明了清代中期苏城"官炉"江记冶坊一统天下的局面正在走向分化，地方官吏也开始对其加以整治。据《娄关小志》记载，娄门外的江氏锅业规模最大，停停开开，世代相传。当时娄门外有大小冶坊16处，均冠以江氏之名，如江二房、江三房、江老六房、江十三房、江十六房、江念房等。县府碑石一立，很长时间里，这些冶坊不敢再公开克扣工匠的工钱，坊主也稍稍收敛了嚣张气焰，但工人的劳动强度加大了，生活待遇更差了，坊主与工匠之间的矛盾越来越深。

娄门外有条东西走向的娄江，那时沿北岸一带盖了不少简易平房，有的是青砖墙茅草结顶，有的是低矮的瓦房，每间大约20平方米，里面要摆上竹床数十张，中间只留下一条狭窄而昏暗的走道。到了夜里，走道里就点上一根蜡烛，如豆的灯火闪烁着冥冥幽光，照着那些十指灰黑、疲惫不堪的工匠。据《娄江民间故事》的描绘：冬天，北风呼啸，雪花飘飞。天还没亮，工匠们就被喊出门了，饿着肚子去抱木柴、焦炭生炉子，风箱拉得"呼呼"响，炉火烧得通通红，才被允许轮流回家吃饭。冶坊里的饭一半是陈米一半是糙米，工匠们每顿只能吃一碗饭，早晚吃的是咸菜，中午只有一个素菜、一碗清汤，一周只有一顿肉，就是几片咸肉和半碗白菜。冶坊里的劳动非常辛苦，即使是落雪天，炉前的工匠也是上身赤裸，只穿一条裤衩，还是挥汗如雨。

苏州人说："人生投胎有三苦，炼铁、撑船、磨豆腐。"

冶坊工匠则自嘲："黑手黑脸黑肚子，一天不做饿肚子，出门活像叫花子，要讨娘子下辈子。"

冶坊工人的生存条件极其残酷，这不能不激起工人的强烈反抗，江记冶坊劳资间纠纷不断，打斗事件也经常发生。这无疑是中小型冶坊由盛而衰、由盈而亏的原因之一。

东边炉冷西边热

据《娄江民间故事》记载,江记冶坊中有几个炉主面相凶恶,心比炭黑,手段特别毒辣,不仅盘剥工匠,就连供应燃料的农户也不放过。有一年冬天,下着冻雨,黄埭窑上的吴根土找炉主来结算拖欠半年的炭钱。江老六房的炉主绰号"杀千刀",意思是把此人千刀万剐也不足惜。"杀千刀"推托送来的炭不经烧,要将炭钱打对折。吴根土全家老小就靠着这几担炭钱过日子,一听要打对折,顿时急得双脚跳,哀求"杀千刀"放他一条活路。"杀千刀"脸一横,满口脏话,还威胁吴根土,说若不答应,一个铜板也不给。可怜这个老实巴交的农民哭天喊地无人应,走投无路就跳了娄江,幸被对岸的渔民发现救上了岸。那情景让人不由想起白居易在《卖炭翁》中所写的诗句:"满面尘灰烟火色,两鬓苍苍十指黑。卖炭得钱何所营?身上衣裳口中食。可怜身上衣正单,心忧炭贱愿天寒。"冶坊工人实在看不过去了,纷纷站出来主持公道,甚至连一向与炉主关系不错的掌炉师傅也责怪炉主做得太绝,说那姓吴的送来的炭其实蛮经烧的。"杀千刀"怕触犯众怒,很不情愿地照价付了钱。

早期铸冶工匠的来源大多为苏北乡下和江阴、无锡乡下的农民,逢上灾年,田里没了收成,租田租不起了,还租还不出了,就逃难到苏州来寻饭碗,有一些人就进了江记冶坊。冶坊虽然吃得差、住得差,干活又特别辛苦,但工钱相比其他作坊,如印染坊、织布坊、豆腐坊、竹木坊之类要高一些。所以,还是有不少人拼死也要进冶坊来挣这点辛苦钱。

1910—1920年的十年间,中国社会发生了翻天覆地的变化。政治上,辛亥革命推翻了延续两千多年的封建专制制度,建立了资产阶级民主共和国,民主共和观念深入民心,但同时中国也步入了专制复辟、军阀混战、地方势力割据的黑暗时期;经济上,由于辛亥革命提高了资产阶级地位,加上第一次世界大战期间帝国主义放松了对中国的经济侵略,中国民族资本主义工商业和民间手工业出现了"短暂的春天"。市场上物资还算充盈,物价也相对稳定。工人的收入与支出相抵,大体尚能维持生活。后起之秀新振源冶坊参照了江记冶坊的薪酬标准，早期工人的工资计算标准为：每千张铁锅给付工资1.44元/人，足月出勤工资为1.44元乘21 000张，再除以1 000可得30.24元，这样的收入略低于当时机关职员的月收入。

民国初期，市场上流通的纸币有中国银行、中央银行、交通银行、通商银行、兴业银行、实业银行、四明银行、中南银行等发行的1元、5元、10元券，与银圆等值使用，其中以中国银行纸币的流通量最大。民国二十四年（1935年）11月，国民政府颁布货币政策，规定以中央银行、中国银行、交通银行发行的纸币为法定货币（简称"法币"），禁止银圆、铜圆流通。后又增加中国农民银行发行的纸币为法币。

那时的物价大体上是稳定的。若以1919年物价指数为100计算，则1930年约为129，也就是说，民国初期的银洋3元，购买力相当于十几年后的法币4元左右。以主要食物价格计算：1911年至1920年，大米每斤0.034元，猪肉每斤0.12元，白糖每斤0.06元，食盐每斤0.02元，植物油每斤0.09元；到1926年至1930年，大米每斤涨到0.07元，猪肉每斤0.2元，白糖每斤0.1元，食盐每斤0.05元，植物油每斤0.15元。

冶坊虽然劳作艰辛，"黑出黑进"，"从鸟叫做到鬼叫"，但因为收入不错，一人辛苦，全家衣食可保，所以还是有不少人托人担保要进冶坊来干活。冶坊之所以能生存下去，一是由官方掌控，二是因为其生产的各式铁锅是生活必需品，在江浙一带的乡镇销路不差。

清代末期，社会动荡，清王朝风雨飘摇，一些参与洋务运动的有识之士开始把目光投向实业，提出的口号是"实业救国"。苏州城东娄江北岸大大小小的冶坊因为内斗加剧，互相倾轧，逐渐衰落。城西沿胥江的枣市桥、皇亭街一带，有漕运之便，地价租金低，很快成为冶坊集中崛起的地方。那时，这一带先后有大大小小的冶坊百余座，整天炉火熏蒸。登高远望，烟云缭绕，蔚为壮观。这些冶坊虽不是朝廷官办，却是官商合办或具有官僚背景的，最有代表性的是沈余昌冶坊和新振源冶坊。如新振源冶坊就把当时朝廷主管洋务与工商实业的张謇拉为"挂名股东"，花银子才领到了"官炉"的冶帖。

苏州冶坊分为大炉和小炉两大类。大炉冶坊主铸铁锅，最大的铁锅是浴锅,最大直径达 2 米,农村里多置这种浴锅,放满一锅水,三九天洗澡热气腾腾,可以供数人同时洗澡;最小的铁锅是汤圆锅,比碗口还小,是单人热饭、热菜用的。小炉冶坊主铸白口件,像汤罐、脚炉之类。清光绪四年(1878 年)八月,来自浙江乌镇的沈余昌与族人合资在枣市街开出大炉沈余昌冶坊,铸铁锅、铁鼎等大件铁器,因为财大气粗,很快就在苏城立足,与娄门外的江记冶坊成鼎足之势,称霸江南半个世纪。

铸炉的老板称为"炉主"。枣市街上这位沈炉主长得精瘦,面清目秀,说话貌似和善,看上去像秀才模样,却是个"阴刁码子"(吴方言,指善于心计的阴毒之人)。枣市街上的小冶坊主既敬他,也怕他。他在靠运河的一边造起一座高大的风火墙,写上"官炉冶坊"四个大字,每个字足有一丈见方(1 丈约合 3.33 米),白墙黑字,十分扎眼。每年农历正月半一过,冶坊就开炉铸铁了。风火墙上高挂"炉冶夫人"的画像,炉主焚香点烛,以示祭祀。

"炉冶夫人"的传说源于宋仁宗年间。说是有一户李姓人家家境贫寒,靠铸锅为生。不幸儿子早亡,家徒四壁,只剩下一头用来拉铁渣的驴子。儿媳李江氏十分贤惠,侍奉公婆,继承夫业,冶铁铸锅。一天,开炉时,铁水外溢,火势凶猛,危及两位老人和那头驴子。在这万分危急的关头,李江氏奋不顾身去堵出铁口。老人和驴子得救了,李江氏却葬身火海。上苍怜其好德之心,便封她为"冶神",俗称"炉冶夫人"。之后,冶铸业都奉"炉冶夫人"为本业神明,如同木业奉鲁班、药业奉孙思邈为本业神明一样。祭过"炉冶夫人"后,化铁炉就熊熊燃烧了,铸铁模就"嚓嚓嚓"灌浆了,铁砧墩上就"叮叮当当"敲响了。沈炉主在冶坊的几个工场里转来转去,摸摸脑门上渗出的大颗汗珠,乐得合不拢嘴。

通过主管洋炮局的李鸿章的一个亲信,沈炉主花银子从衙门里弄到"官炉"的冶帖后,沈余昌冶坊的腰杆子更硬了,生意也越做越大。江南城乡,大大小小的铁锅,有一半都刻着"沈余昌号"的枣红色圆形标记,其后来居上的势头远远超过了老牌的江记诸冶坊。当时的上海《申报》曾以"铁质纯净,轻薄均匀,不炸不裂,经久耐用,省俭柴薪"来赞誉沈记铁锅。后来,"宁可停炉关门,不可坏我品质"的铸锅传统遍及枣市街所有的"大炉",打造苏锅的工匠精神也为之后的民丰锅厂所传承,形成苏锅质量的鲜明特色。

　　苏锅其貌不扬,黑不溜秋,有的锅沿有把手,有的则只有一圈宽宽的边沿。虽然它貌不惊人,略显臃肿,但煮饭饭香,炒菜味美,尤其苏州人最喜欢用它煮的一大锅咸肉菜饭,更是家喻户晓。在20世纪五六十年代,城里城外有些人家还有土灶头,灶上挨排置放着两三只铁锅和几只汤罐,煮饭的、炒菜的、烧水的锅一般都要分开。主妇们将淘过的米和洗净、切碎的菜放入铁锅后,用干柴火猛煮15分钟,再用文火煨10分钟。当揭开锅盖时,菜饭那个香啊,让人还没吃就已经醉了。一家人一番风卷残云般的狼吞虎咽,眨眼之间只剩下紧贴铁锅底那点锅巴,然而最好吃的也是锅巴,或铲起当饭,或煮咸泡饭,无论是饭是粥,都让人食后回味无穷,这不能不归功于苏锅精巧的制作工艺和过硬的产品质量。

　　冶坊生产铁锅,以传统的手工制作为主。沈余昌冶坊曾经从上海运回几台压铸机和翻砂机,但没用多久就出故障了,又没人懂得机器维修,就扔在角落里脱油长锈了,结果还是主要靠手工操作。冶坊的主要生产设备是化铁炉,一种腰鼓形的搀炉,出铁水时要用撬棍将炉子撬得倾斜成一定角度,让铁水倾入浇勺后,再灌入模子中,待冷却后就从模子里脱出来。初期的熔炉和模子都是陶土烧制的,而送风完全用人工推拉的木风箱。原料多采用废铁,如回收的破旧铁锅。燃料是木柴经加工后的乌炭和白炭。冶坊的生产场地大多狭窄,设施简陋,化铁炉、模型间靠得很近,熔铁时火焰炽热,温度极高,操作工因出汗过多虚脱晕倒是常有的事。

　　冶坊生产呈季节性特点,每年从秋季开炉生产,到第二年端午前后停炉。夏季是铁锅销售淡季,一般冶坊都停止生产,只留下部分泥模工制作泥模,其余人就被打发回家种田,入秋后再回冶坊劳动。

　　据史料载,娄门外的江记诸冶坊渐趋衰落后,一些冶坊师傅就开始投靠在枣市桥新开张的沈余昌冶坊,从乡下进城做工的人更是在冶坊招工处排成了长队,一直绵延到枣市桥畔。进厂的工人个个都要经过"招工审查",审查项目有个人的从业史、有无不良嗜好、是否参加社会团体、家庭成员情况等。据老工人高师傅说,他的父亲就在沈老板手下干活,他小时候听父亲说过,在冶坊里若能做到"掌炉"(管理炉子的人),那上下班都可以雇一辆黄包车进出了,抽的烟也都是洋烟,逢年过节还能去上馆子。父亲的工资可以供一家人吃用开销,每年还能有点积余。高师傅现在住的枣市街上的三间老屋就是父亲留下来的。那样的好日子不长,日本人一进来,日子就不好过了。

民丰锅厂的丁师傅说他的父亲曾经做过沈余昌冶坊的账房先生,月收入是一般工人的双倍,到年底还有一只大红包。有一年,听父亲说好像是1925年,沈老板请冶坊的管理人员到胥门馆子里吃年夜饭,给每个管理人员发了一根"大黄鱼"(金条)。父亲把金条用红布里三层外三层包得严严实实藏在箱底里,一直藏到1948年发行金圆券才拿出去兑换。为这事父亲临死前还在后悔:"我真戆,我为啥要拿金条去换金圆券啊,我真戆啊。"

枣市街的老年人至今还记得,他们的祖辈留下过这样一句话:"再穷不嫁铸锅匠,再苦不进沈余昌。"据民丰锅厂早年整理的一份材料上说,1909年的秋天,开炉第二天,沈余昌冶坊就出了大事故。两个浇铸工被倾翻的铁水烫伤,一个不治而亡,另一个两条腿都废掉了。这件事惊动了当时的衙门,他们派员来调查,督促沈炉主对死伤者"悉加安抚"。可是沈炉主阳奉阴违,表面上满脸含笑说"好好好",背地里却关照手下花10两银子把人赶走。死者家属几次跪在冶坊门口哭喊叫冤,额头都磕出血来,但冶坊还是大门紧闭。可怜的女人又气又悲,最后饿昏在冶坊的大门口。这时,开炉前祭祀善良的"炉冶夫人"的香烛还没有熄灭。

枣市街上的老百姓气不过,不少人聚集到冶坊门口。沈炉主拒绝对话,口口声声要众人不要多管闲事。老百姓不买账,就鼓动死者家属去督军府告状,最后惊动了督军,督军派人到冶坊来训话。沈炉主吓得不轻,很不情愿地答应了死者家属的赔偿要求。

沈炉主为整治工人,特地从乌镇老家弄了两个亲戚过来。两人长得膀阔腰圆,铁塔一般,名义上是监工,实际上就是打手,看谁不顺眼,轻则一耳光,重则皮鞭伺候。2005年,笔者采访当时已85岁高龄的徐大爷,他依稀还记得当年在沈记冶坊做泥模工时候过的苦日子:"做学徒的辰光(吴方言,'时候'的意思)苦得很,每天天不亮就要起来去准备泥模具。一副泥模具足有20多斤重，就靠两只手搬来搬去。师傅要吃过早饭再来，筛泥、拌泥、和泥都是学徒做的，最后由师傅上手做模子。黄泥拌得烂或者拌得硬，都要'吃生活'（吴方言，'挨打'的意思）的。有一次，我忘记了是为啥事跟师傅顶了几句嘴，师傅要打我，我一转身逃了。哪晓得沈老板的两个打手追了上来，一人抓住我一条手臂，不问青红皂白，抡起拳头就打我。我师傅反倒看不过去了，去求他们饶过我这一次。我恨透了这两个狗腿子，我要报复他们。过了几天，我从金工那里要了一坨黄油，半夜里溜到这两个家伙住的宿舍门前，在门前铺的两块青石板上结结实实抹了一遍。第二天，听冶坊里的人说，有个家伙半夜里起来撒尿，在青石板上滑了一跤，把一条腿摔断了。我听了心里暗暗叫好。"

像这类单打独斗式的反抗，在沈记冶坊闹过不止一次。压迫愈深，反抗愈烈。这样的威吓式管理，引起了工人强烈的不满，自然是难以持久的。工人与打手对打的事件越来越多，沈记冶坊最后不得不以辞退两个打手来收场。

炉火辉映枣市街

枣市街位于姑苏城西南，傍着大运河。清代中期之前，江南大宗运输主要靠漕运，枣市街东西一带位于大运河与胥江交汇处，成为苏州水路十字大街。民国文人谈严在《枣市》中记载当年盛况："店铺以能进入这条商业街而自豪；商业是种艺术，账房先生流畅地拨打算盘，各地老板在彼此袖子里勾心斗角。船老大指挥劳力将楠木、红木、紫檀抬进清光绪初年开办的老木行'震生裕'。这时，隔壁沈余昌冶坊的伙计们敲着'紫口铁'锅招徕生意，叮叮当当，震耳欲聋，响彻半条枣市街。"（图6）

当时，这一带因为大运河带来的便捷航运，成为江南地区最大的果品集市。市场里，尤其以枣子贸易量最大。大批从河北、山西来的枣商聚集于此，街上开有多家枣子商行。枣市街、枣市桥因此而得名。枣子价廉物美，香甜可口，尤受口味偏甜的苏州人喜爱。除了日常取食、药铺用药外，民间手艺人更将枣子制成糕饼、掺入粥饭，因而有了枣泥麻饼、枣子糕、枣馅粽、枣子粥、枣子汤等吃食。当时枣市销售的有来自山东的北枣和来自浙江的南枣，前者色红，后者色黑，口味各有不同。可以毫不夸张地说，苏州人能足不出户，尝尽南北枣味，大运河当居首功。（图7）

图6　昔日枣市街

（图片来源：苏州市方志馆）

图7　旧时枣市桥

（图片来源：苏州市方志馆）

沈余昌冶坊选址于此有四个原因：一是这里靠近横塘农家，场地开阔，冶坊要堆铁屑、锅坯、煤炭，场地一定要铺得开；二是这里的房子大多是灰墙黑瓦的平房，房租相对低廉；三是这里靠近胥江、大运河，居水路要道，南来北往有运输之便；四是枣市街离城中心不远，便于行销。对于沈老板来说，枣市桥一带可谓得"天时、地利、人和"之利了。他租下几排农舍，从家乡雇匠人开砌了冶铁炉，又从家乡招了一些熟练工人先期开炉了。

开张那天，炉主沈达三在道前街上的太鸿楼酒家包下一层楼面，邀来江南的盐铁税官、衙门里的师爷、当地的乡绅、商会的首脑，还有捕头、差役等一干人同贺开张之禧。觥筹交错，灯红酒绿，兼有评弹助兴，更是热闹非常。这一场欢宴在《沈氏族谱》附录中有所记载："余昌于苏城喜庆开业，贺喜者百余人，场面称盛，喜气弥散。"

酒席散了，炉火红了，沈氏官炉轰轰烈烈开张了。沈氏老板的经营之道是颇为讲究的。冶坊由沈氏族人掌握财权，具体管理上只是象征性地挂帅，经营模式按照上海洋行的办法做，另外聘请经理来管理经营。历任经理有：孙天石、魏士林、袁榕青、陈志英、张桂山、张敬安、邱镇西等，没有一个是姓沈的。这就摆脱了家族经营所带来的裙带风、关系账、熟人难于管束等陋习。经理室下面设内账房、门市账房、炭结账房、中兴账房等，通盘管理冶坊的内外业务。

沈氏炉主皆善于剥削，尤以继任的沈和甫炉主为最。他是十足的外柔内刚的角色。所谓"外柔"，是指他面目一向和善，易取信于众。所谓"内刚"，表现为"三强"：一是原则性强，对违反厂规的行为处理坚决，一步不让，对外经营也是寸土必争，得寸进尺；二是竞争性强，敢与娄门江记的大小冶坊叫板，只只铁锅，一只不输；三是策略性强，知人善任，能进能退，对手下人则是软硬兼施。为扩大原料来源，使沈记铁锅尽快占领市场，他在山塘街上开设同三和锅号，一边推销铁锅，一边收购废铁，还兼营桐油、洋灰（水泥）生意。为进一步扩大财源，他采取进可攻、退可守的策略，在开铸"无锡锅"的同时，又雇用天津太司务（冶坊中的特有称谓，指负责铁锅制造的高级技工）增开"天津炉"铸锅，不仅在原燃料上采用生铁、焦炭，还在铁骨模型上做了大胆尝试。为使攻守主动，他巧妙地采取"一个厂子，二块牌子"

的办法，以中兴锅厂的名义与天津太司务签订合作协议。协议上明确规定若盈利则四六分成，沈记得四，天津太司务得六；若出现亏损则由天津太司务负责。看起来好像是天津太司务得了大头，实际上沈老板盘算的是只赚不亏的生意。果然，两年后，中兴锅厂因为销路不畅而连年亏损，不得不关门歇业，而所有资产全部归到沈记名下以资抵债。沈老板吃了个大饱，那些天津来的太司务只能灰溜溜地卷起铺盖走人了。

　　振丰、鼎丰是两家规模不大的冶坊，属浙江南浔官商张氏所有。张氏对沈记冶坊的蒸蒸日上嫉恨在心，但苦于实力不济，无法与之抗衡。说来也巧，清宣统元年（1909年）袁世凯的幕僚陈同森回南浔省亲，张氏主动登门拜访，赠以大礼，希望陈同森能与上头疏通，压一压气焰嚣张的沈记冶坊。陈同森回京城后，果然不负乡亲所托，以"沈余昌冶坊私造枪械"之名，下令苏州府衙对其进行突击搜查。搜查之前，张氏嘱咐手下偷偷在沈记库房里埋下两根收购来的报废长枪。过了一天，府衙捕快带领一班差役封住沈记冶坊的大门，直奔库房，很快就查出了那两根长枪。"私造军械"，那可是坐班房的罪啊！沈老板虽然见过世面，但也被这突如其来的铁证搞得一头雾水。他吓得不轻，被关在衙门的耳房里时还浑身打战。

　　衙门里有个师爷，与沈和甫相熟，私下里去耳房看过他。师爷心想这两根长枪确实来得蹊跷，就有心去差役那里看了看长枪，回头对捕快说："这两根长枪绝不可能是沈余昌冶坊私造的。"捕快问："师爷何以见得？"师爷说："你看这枪管上有烙印'洋务局督办　大清国汉阳造'，也就是说这两根长枪是汉阳兵工厂制造的。"捕快验看了枪管，果然有烙印。但人已抓来，要放总得有个理由。师爷说这个好办，就说沈老板私收报废枪支，罚银20两了结。

　　当夜，沈炉主就被放出来了，经过手下打听到是同行张氏使坏，这心里的火一下子就顶上了脑门心。他对手下人说："山不转水转，我姓沈的如不报此仇，就是这个！"说着，他伸出五指做了个乌龟爬的手势。他像一头被咬伤过的豹子伏在草丛里，时刻等待着复仇的机会。

　　时隔不久，天赐良机。话说这张氏有个儿子吃喝嫖赌样样沾，进出枣市街都乘坐黄包车。一天，他进城去推"牌九"（一种赌具），一夜就输了上百两纹银。这输掉的纹银都是从赌场借来的"印子钱"，而开赌场的老板恰恰是沈老板的远房亲戚，放"印子钱"给张氏的儿子据说是沈老板的主意。所谓"印子钱"，就是借债时立一"折子"，期限短，利息高，分次偿还，由放债人在"折子"上加盖一印，故此得名。例如，借1两纹银，在10天内还清，本利合计要还1.2两。张家那个不肖儿子哪有钱来还债，先是从账房里偷钱，被父亲结结实实收拾了一顿，后是被讨债人堵在家里，从后门逃了出去。张氏为还债，只能变卖冶坊。对手沈老板又暗地里鼓动其他小冶坊，威逼加上利诱，谁也不许接盘。讨债人天天上门逼债，张氏愁得吃不下饭，只能厚着脸皮来向沈老板求情，把振丰、鼎丰这两座冶坊三钱不值二钱地卖给了沈炉主，自己卷起铺盖回老家去了。这是清宣统二年（1910年）八月的事。

沈炉主洋洋得意，在枣市桥出来进去更是神气活现，还酒后吐真言："蛇是斗不过龙的，枣市街上能和我斗的人还没生下来呢。"

沈炉主的生意一家独大，苏州城里唯一能与他较劲的就是城东娄门外的大大小小的江记冶坊。尽管那时的江记冶坊只是挂江氏的招牌，坊主大多易人，10多家冶坊各有各的鬼主意，但在对付来自枣市街的"贪狼"时，还是枪口一致对外的。所以，沈炉主虽然早就有吞下城东这一片冶坊的想法，但迟迟未能美梦成真。自从一口吞下振丰、鼎丰后，他的实力增强了，心想是到该出手的时候了，这时已进入民国十年（1921年）了。

20世纪20年代初的中国正在发生翻天覆地的变化。以上海为龙头的民族工业开始崛起，以蒸汽机为标志的工业化大生产不仅造就了大批兴办实业的资产者，也造就了大批他们的掘墓人——无产者。以苏经丝厂、苏纶纱厂、鸿生火柴厂为代表的苏州民族工业蓬蓬勃勃发展起来了。沈老板虽已是"奔六"的人了，但雄心仍在，志在扩张，开始向娄门外的同业频频发起进攻了。

1925年的冬天是一个寒冷的冬天，有一阵连续下了三天大雪，地面积雪厚达半尺，屋檐上挂满冰凌，像一把把冰剑刺向地面。娄江近岸的河边结了一层厚厚的冰，冰碴间泊了两艘船，装满了铁锅，这是江氏几家冶坊个把月苦出来的成果，等雪停后就要运往余杭去。一天大清早，值夜的人到河边拎水，大吃一惊——两艘船全都沉没在水里，只露出翘起的船头和船艄。几位炉主急忙赶到码头察看，只见装满铁锅的舱

里都灌满了水,缠绕铁锅的草绳都被水浸透了,而铁锅沾水就会生锈。把两艘船打捞起来重新装运要花好几天工夫,而这批货约定后天就要交货,误期是要罚款的。

几位炉主气得双脚跳,立刻想到几次与江记冶坊作对的"大锤"(冶坊掌大锤组的技术领班,相当于现在的技师)刘师傅。刘师傅的金工活最拿手,干活非常卖力,进冶坊的时间也不短了,于是要求加点工钱,至少与城西沈记冶坊的"大锤"一样,但遭到炉主的断然拒绝:"不想在这里干就滚,在苏州城里找一百条狗蛮难的,找一百个干活的人还不是一顿饭的工夫!"

刘师傅一气之下就投奔了他以前的徒弟、此时是沈记冶坊"大锤"的吴师傅。之后,他又拉走了几个技术骨干——这正是沈老板的高明之处,他早就让吴师傅到娄门外来吹风了,目的就是要"釜底抽薪",给江氏冶坊一点颜色看。

几位炉主都怀疑是刘师傅带人用铁器戳漏船舱,使船淹没的,但拿不到可靠的证据,只是听值夜的人说黄昏时看见刘师傅他们在河边转悠,有人手里拿着大锤和铁钎。江记冶坊吃了个闷亏,一连数天,炉子都不生火。

沈炉主得知这一情况后,快活得眉开眼笑。他要乘胜追击,索性一不做二不休,买通《苏州明报》的一个记者,故意找来一只产自江记冶坊的报废锅子,以消费者"王先生"的名义,向报馆投诉,然后发表记者调查,称江记冶坊"有辱先祖名声,制锅粗制滥造,价贵质次,欺骗民众",并配发烙有"江记"字样报废锅的照片。一石击起千层浪,全城顿时传得沸沸扬扬,闹得娄门外几家江记冶坊的"大锤"纷纷跳槽。这些祖传的小冶坊哪经得起这样的折腾,一下子就像霜打的茄子——蔫了。江七房一连半月不开炉,炉主的老婆急得双脚跳,天天跑到娄门口的寺庙里烧香,拜求菩萨开恩。

又一天,苏州城内几家有实力的锅号老板忽然收到沈炉主的邀请,就连江记冶坊的老板也在受邀之列,在赫赫有名的松鹤楼聚餐。席间,沈炉主故意只字不提江氏冶坊的倒霉事,反而颇显同情地说江记冶坊被报纸曝光乃是我等冶坊业共同的耻辱,值此信誉蒙受损失之时,当同舟共济云云。众人闻言,都觉得沈炉主言之有理、心胸也宽,而江记冶坊平时常说沈记冶坊的坏话，显得小肚鸡肠。

沈炉主旗开得胜，加紧开炉生产，迅速占领了江记冶坊原先占有的苏南和浙北市场。江记铁锅很快就被挤出市场，炉子也是烧烧停停。几家小规模的冶坊索性挂羊头卖狗肉，封掉炉子，做起代销铁锅的生意来了，有不少铁锅就来自沈记冶坊。

娄门外剩下的几家江姓冠名的冶坊，各坊主虽同出一宗，也都沾亲带故，但是因为生意而互相倾轧、拆台，甚至械斗的情况也时有发生。有两家坊主因为赌博、嫖妓、抽大烟，把祖宗传下来的家业都败光了，最后连同冶坊一起抵押出去了。加上来自枣市街的恶意挑战，到20世纪30年代中期，娄门外的炉火渐渐熄灭了。不少冶坊变成了"干冶坊"（不开炉生产的冶坊，仅做门市铁锅生意），而"湿冶坊"（开炉生产的冶坊）也是三天打鱼两天晒网。坊前堆满了"搗尿"（炉膛里扒出来的废渣），因为缺少人清理，堆成了一座小山，工匠出入好像是穿过山谷。

东边铁炉冷，人心涣散，生意清淡；西边铸锅热，炉火熊熊，生意火爆。这样冷热不均的局面没有维持几年，因为有人眼睛血红，来抢夺蛋糕了。

新振源野心勃勃

冶坊的生意蒸蒸日上，铁锅的生产顺顺当当，但因为枣市桥下的冶坊不止一家，恶性竞争必然带来相互间的倾轧、暗算。沈余昌冶坊凭着优质苏锅的声誉扬威苏城20多年，后起之秀新振源冶坊早就嫉恨在心，只是苦于寻找不到超越的机会。两家的炉主虽然在商会聚餐时就会见面，也都面带微笑打哈哈，但心里都把对方恨成眼中钉，所谓"一街（枣市街）不容二虎"。

作为枣市街上冶坊双雄之一的新振源当然不是可揉可捏的一团泥巴，冶坊十四开间门面上数丈见方的"官炉冶坊"四个字就足以说明它来者不善。炉主周舜卿是官二代，在苏州俞氏兄弟的合股支持下，加上有南通实业家张状元的"干股"参与，堂而皇之就领到了"官帖"，成为唯一能与沈记冶坊抗衡的"硬骨头"。

炉主沈和甫当然不甘示弱，连用三招来向对手挑战：先是压价竞争，结果两败俱伤，遂战火熄灭；继而商洽合作，筹组"余源锅号"（"余"代表沈余昌冶坊，"源"代表新振源冶坊），但因分红不均，两家很快就不欢而散；最后是采用"李代桃僵"之计，沈余昌故意抬高价格来收购新振源的铁锅原料，后者贪图小利轻易上钩，把全部库存材料卖给沈老板，弄得自己无法开炉生产，栽了一个大跟斗。

新振源的股东们心灰意冷，本想退出枣市街，但看到沈余昌冶坊欣欣向荣的生意态势，实在心有不甘，所以，众人私下商议要东山再起，分头去拆借资金后卷土重来。这次股东们聘来了能人宣国祥任经理，由他组阁，充实生产和营销力量，准备与沈炉主一决高下。

一边是卧薪尝胆，摆出了复仇的架势；一边还沉浸在过去的辉煌里，压根儿没把对手放在眼里。沈炉主对前来进货的余杭茂记锅号老板说："区区一个新振源，一百年也休想斗过我。手下败将，何足挂齿！"至于对手在想什么、做什么，他根本不想去过问。反之，新振源却时时关注沈老板的一举一动，积蓄力量，壮大自己，等待复仇的时机。

新振源的掌门人宣经理是一个厉害角色，擅长营销，嘴皮子特别灵巧。枣市街的老辈人说："这家伙比说书先生还能说，死人也能被他说得活过来。"他上下游说，不惜重金聘请，说服沈余昌冶坊的太司务、领档（相当于车间主任）跳槽到自己这里来，谓之"弃暗投明"。偏偏这时沈余昌冶坊又不争气，因为一时库存积压、资金断链，推迟两个月发放工资，激起工人罢工长达数周。工人们成群结队走上枣市街呼喊口号"我们要吃饭""没有钱，不干活""别把我们不当人"，沈记冶坊闹得乱哄哄的，炉子熄火了，晒干的泥模裂开了口子。沈炉主急得双脚跳，惶惶不可终日。宣经理抓住这一天赐良机，派人煽动罢工工人，把本来有些游移不定的技术骨干都拉到自己一边。他还坐着轿子去警察局报案，称"沈余昌冶坊罢工妨碍地方治安，引起市场混乱"。警局出面，强令沈炉主发放拖欠的工资以平息事件，而资金来源则是拆借了三分利的高利贷。这无疑是一条绳索，紧紧勒住了沈炉主的脖子。

新振源趁火打劫，恢复两只炉子的生产，以"量多、质优、价惠"的绝对优势压过沈余昌一头。顺昌锅号是杭州最大的铁锅专卖店，往常要是看见沈记苏锅上门，那是笑脸相迎，热情有加，但这时即便是沈老板亲自上门，顺昌锅号的老板也是避而不见，掌柜更是不冷不热，铺子里则摆满了来自新振源的苏锅。新振源的苏锅不仅质量比沈记的高出一截，而且价格比沈记的便宜一成。再看杭城大大小小卖铁锅的地方，大多已为新振源所占领。

在苏州市场上，新振源派人到处放空气，说沈记铁锅是"再生锅"（用从矿渣或烂铁皮提炼出来的原料制作的铁锅），质量有问题。《苏州明报》登出了消费者的一条投诉，称所买的沈记铁锅用了不到半月，锅底就开裂了。那个姓丁的消费者居然还拿着报纸和开裂的铁锅到沈余昌冶坊门口闹了三天，要求10倍赔偿。底气这么足，有人估计其背后有新振源在撑腰。

经过这一连串的折腾，沈余昌开始走下坡路，不仅产销业务无法与新振源抗衡，就连市场口碑也一落千丈。兼之沈氏家族的内部矛盾，祸起萧墙，合合分分，沈炉主再也无心经营。1938年冬，沈余昌冶坊所聘经理张敬安突然不辞而别，在枣市桥西另开一家大德冶坊。炉主沈和甫又气又急，却也无可奈何，因为自己有错在先，聘书上约定月薪300元，已经有半年不能如数兑现了。

那年冬天，苏州特别冷（1938年的气象资料显示最低温度达零下12摄氏度），数天大雪，滴水成冰。枣市街是青石铺砌的街面，结冰后的路面特别滑。沈炉主鬼使神差地出门去，结果在枣市桥堍跌了一跤，被人发现后抬回家来，躺在床上养伤，门也懒得出了。他把冶坊的业务交给两个儿子打理，炉主则由沈氏族人沈青士挂名，还特别聘了一位业务经理协助。大儿子继承父业，很想把冶坊做大做强，与新振源再战一番。他的性格比父亲还要柔和，对工友客客气气，逢年过节还邀大家一起聚餐，发个红包。据民丰锅厂一位李姓工人回忆道，他的父亲曾经在沈炉主的大儿子手下做过两年，有一次在浇注铁模时，飞溅的铁屑溅入眼睛，把左眼刺伤了。父亲去大日晖桥的诊所看伤，是老板亲自陪着去的，所有医疗费用都是由冶坊里出的。在家养伤期间的工资照发，老板还给他10个银圆的营养费呢。

有这样一个当家人把持冶坊，所有人都以为沈记可以重振家业了，老爷子可以松一口气了。谁知道家门不幸，沈炉主的另一个儿子却是个"玩主"，吃喝嫖赌样样精，就是心思不放在冶坊里，最后发展到借高

利贷、偷账房里的钱。兄弟俩闹翻了,沈记冶坊加速败落。

新振源并不手下留情,而是乘胜追击,他们派人向汪伪政府的警局密告沈记冶坊勾结"湖匪"(太湖游击队)私造枪支。其实这是枣市街上许多冶坊都做过的私活,风险大,利润高。警局派出十多人团团围住沈记冶坊,从库房里抄出了枪管、弹簧、扳机等零件,把老板、经理、账房等一干人都抓走了。因为"勾结湖匪"查无实据,所以警局把人关了几天,等沈家交了钱就准其保释了。

沈余昌冶坊负债累累,元气大伤,从此一蹶不振。1939年,苦心经营半个多世纪的官炉冶坊改组成立余昌兴官炉冶坊,去了"沈"字,加了"兴"字,意味着沈氏冶业至此实存而名亡。1940年,冶坊再次更名为"懋丰官炉冶坊"。由于敌伪货币贬值,加上死对头新振源的挤压,这个生不逢时的懋丰苟延残喘仅两年就停炉歇业了。祖传"官炉"的地皮和房产出卖给新丰面粉厂,那一纸官炉帖子被带回了老家,现存于浙江省湖州市档案馆里。

沈余昌倒下,新振源崛起,成为枣市桥下铸锅业的霸主。

霸主日子也难过

新振源作为枣市桥冶坊霸主,一旦立足,立马变得神气活现起来,还混了个"两面光":一面与内地做生意,一面与位于南门青旸地的日本洋行眉来眼去、勾勾搭搭。据《民国敌伪档案》记载,1940年,日本因制造枪炮短缺钢铁,不仅拆走了苏嘉铁路的全部钢轨,还从枣市街几家冶坊"借"走数百吨生铁原料,其中"贡献"最多的是新振源冶坊。所以,苏州沦陷时期,新振源的宣国祥由经理一跃成为老板,不仅坐上了商会副会长的位置,还成为同时经销铁锅和桐油的龙头老大。

新振源春风得意,独领风骚,其他几家小冶坊根本无法望其项背。冶坊是高温手工作业,每到高温季节一般就停炉了,转向制作模具(俗称夏工)。抗日战争全面爆发以前,新振源用一只鼓形炉铸锅,采用日、夜两班制作业。每天每个班的铁锅产量约700张。一作炉(即连修炉三天三夜)两个班的铁锅产量约4 200张。一个月(即十作炉)的铁锅产量约42 000张,全月每班铁锅产量21 000张左右。冶坊工人的工资实行计件制,每千张铁锅给付工资2.88元(这是一档2个人的工资,实际上1个人的全额工资是每千张1.44元),一个月苦下来可得到30元左右。由于工种、技艺、劳动强度不等,所以各人所得的工资也有很大的差异。同期的粳米每市石为5.06元,1市石约等于10市斗,1市斗约等于10市斤(即5千克)。这时候的新振源无论老板还是工人,日子都还过得下去。但是,随着战事的发展,铁锅生意越来越糟糕了。

新振源的股东们开始隐隐不安,因为按理半年应该分一次红利,但宣老板总以资金一时周转不过来为借口,既不摊账,也不说分红的事。话说1943年的农历腊月二十四夜,苏州民间习俗,家家都在家里祭祖,插香点烛烧锡箔。按商家惯例,这一天所有欠账都应该到账了,再过几天就要过年了,过年是不能讨账的,一拖就可能拖个半年。虎丘后山有一座"赖债庙"(图8),每年都有不少还不起债的"杨白劳"到庙里躲债,躲过了腊月二十四,债主一般就不会上门讨债了。因为按民间迷信说法,过年时向人逼债是要折寿的。

图8 "赖债庙"

前一天,新振源的杭州客户、宁波客户、扬州客户、无锡客户、嘉兴客户纷纷携款前来结算当年的账,预定明年的货。股东们见状非常高兴,就等着算账分红了。这一年苏锅销路不错,而且两次上调价格,年终分红应该好于往年。那天夜里，宣老板在阊门外义昌福酒家设宴款待外地客户，几位股东也都到场作陪。酒席尽兴，一夜无事，众人在城中旅社歇息。

第二天一早，天刚蒙蒙亮，新振源的管家、冶坊的大师傅分头跑到城里来通知股东们到冶坊开会。大家兴冲冲地坐着黄包车赶到皇亭街，只见宣老板的老婆坐在冶坊门口捶胸顿足号啕大哭，说昨天夜里遭贼偷，客商带来的现金、银票都被偷走了。大家急忙进屋问宣老板怎么回事，宣老板连连摇头，痛责账房保管不慎，大半年的收入都被偷走了。股东们目瞪口呆，问报案没有。宣老板说报了，但真要破案难啊。大家看宣老板的老婆哭哭啼啼的样子，也不好多说什么。

年底分红泡汤了，股东们非常沮丧，但事后想想这件事出得蹊跷：新振源遭窃，而且金额肯定不小，既然报了案，怎不见警局来人勘查？冶坊失窃，损失惨重，怎么这一阵姓宣的还是照样坐着黄包车进城吃茶、听书、下馆子？怀疑归怀疑，众股东碍于面子，又苦于抓不到一星半点证据，况且姓宣的占股65%，也不便多说什么。

有三个股东提出要退股，甚至表示冶坊出了事，可以只求还本，不计利息。退股的要求被宣老板一口回绝，还指责对方乘人之危、落井下石。从此，股东间结下了怨恨。

抗战胜利后，苏州"敌产清理委员会"接到举报，称新振源曾经与日本驻军做过2笔铁产交易，有"汉奸"嫌疑。宣老板被叫去询查，经查实有3笔交易，被罚没"敌产"8万元。这对新振源无疑是当头一棒。宣老板估计一定是哪个股东背后使坏或者就是冶坊里出了内奸。之后，股东们互相拆台，谁也无心经营冶坊业务。有人暗地里鼓动股东拆算股金："赶走这个姓宣的！"但股东们下不了决心，因为新振源还要靠宣老板支撑，现在生意难做，众人不想把投在冶坊里的股金全部扔在水里，宁可死马当成活马医。

时局乱哄哄的，物价动荡不定，宣老板心灰意冷，他无心再做冶坊的长期打算，就想着找个合适的时机抽身而退。

新振源就这样不死不活地拖到1949年3月拆股歇业。

大狗小狗都要叫

大狗要叫，小狗也要叫。挂着"官炉"招牌的大冶坊活得滋润，风生水起，让不少商人对冶坊这一行当眼红得不行，于是小冶坊纷纷起炉点火。在苏州城外，且不说那些没有名号的小炉子，就是挂牌的冶坊也不止20家，开开关关，东方不亮西方亮，进进出出好不热闹。这些小冶坊是后来联营为民丰锅厂的基础及工人来源。大鱼吃小鱼，小鱼吃虾米，本是资本经济优胜劣汰的规律，但是，小冶坊之间互相拆台、恶性竞争，甚至祸起萧墙，也加快了这些冶坊的垮台。

大德冶坊是具有代表性的。炉主张敬安原是沈余昌冶坊的经理，曾与沈炉主风雨同舟，后因沈氏大族内互相倾轧、分崩离析，抗战时先是远奔内地，后见办冶坊有利可图，于1938年秋潜回苏州，邀俞氏兄弟合股，在枣市桥皇亭街13号开炉生产。根据原民丰厂杨风华的叙述，张敬安身材单薄，瘦长脸，像一把瓦刀，留着八字须，因为长年吃鸦片，面色蜡黄，走路步子很轻，说话慢条斯理，看上去一点不像是做铁锅的老板。大德冶坊专产苏州传统的皮锅。所谓皮锅，指的是用旧锅铁加木炭炼铸而成的铁锅（用废铁、矽铁加木炭炼铸而成的铁锅则称为矽锅）。大德产的皮锅因其质量稳定，一时销路很好，大德冶坊因此敢与沈余昌、新振源叫板，位于它北面的集太昌和南面的源隆昌根本不是它的对手。

大德冶坊特地在厂门口设"广台间"，相当于现在的广告宣传，专用两个工人整天"叮叮当当"敲锅皮，以招徕前来买铁锅的顾客。大德平时开一只炉子，到旺季时就开两只炉子生产，获利虽丰，但架不住张敬安长年吸食鸦片，很快就入不敷出了，大德冶坊遂转让给了汪克章。然而，汪炉主不是善于做生意的人，皮锅销路下滑，开一只炉子还是勉强维持。没办法，汪克章又把大德转让给张菊生。张菊生能力虽强，但无心经营冶坊，荒于嬉戏，生意一再滑坡。张菊生去世以后，大德冶坊高薪聘请施纪青担任经理。这个经理是务实的，在皮锅产销上有一套办法，生产重质量，销售讲布点（多占领市场），保持了苏州皮锅的特色，使大德冶坊一直持续生产到1951年年底，后并入民丰锅厂。

懋丰官炉冶坊的炉主沈玉仲是个厉害角色,办事独断专行,大权独揽,一手抓垫款放贷,一手抓备料加工,拿冶坊业的行话说是"吃双份"。正如马克思在《资本论》中所说,"资本来到世间,从头到脚,每个毛孔都滴着血和肮脏的东西""资本是死劳动,像吸血鬼一样,必须吸收活的劳动,方才活得起来,并且吸收得愈多,它的活力就愈是大"。这时的懋丰工人被压榨得更厉害了,加班加点是常事,老板却以种种名目克扣工人的加班费。

炉主赚钱了,工人拿不到钱,股东们也拆分不到几个钱。拿后来另立门户的股东邱镇西老板的话说:"姓沈的心太黑,我也是被逼上梁山的。我不是林冲,姓沈的却是王伦,心胸极其狭窄、凶险。"没法合伙了,邱镇西便一甩手出走了。之前,他早已多长了一个心眼,暗地里与娄门外的江七房冶坊眉来眼去,最后串通另外几个股东,盘下了江七房,合股成立娄门炽大冶坊。过去江七房做的是"干冶坊"生意,炽大冶坊变"干"为"湿",开炉生产铁锅。他们用低价收购了懋丰拆股歇业后剩余的模具设备,又派专人去乌镇沈记冶坊洽购台槽,又做了经理、账房、管工、跑街等的分工,娄门炽大冶坊于1943年2月大张旗鼓地点火开炉了。

在营销上,娄门炽大冶坊最特别的一招就是对老主顾实行现货现价现钞交易,按市场行情走,有打折优惠;对新客户一概现货交易,概不赊欠,也没有折扣。这样就避免了"卖空""赊销""期款"("卖空"是指没有实物而仅凭信用或押金或保人,空头卖出,到期相互交货交款,开出的是一张空头支票;"赊销"是指定价成交,取货不付款;"期款"是指定价成交,取货后分期付款)带来的种种弊端。尽管炽大苦心经营,赚足了铁锅的钞票,但因为没有具体的制度约束,股东间全凭个人信誉办事,终究还是出现了裂痕。1946年岁末,一批货发往绍兴,千余只铁锅的货款被锅号老板卷跑了。炽大股东间本来约定是概不赊欠的,但绍兴锅号的老板是炽大一个账房先生的远房亲戚,账房先生拗不过人情就瞒过老板私下里赊欠了一批货,结果捅出了大窟窿。也有股东怀疑是账房先生与他的亲戚"连档演戏",目的就是私吞这批货款。是是非非一时很难说清,账房先生被开除了,但股东间的矛盾越来越深,以致到后来无法再坐在一起商量冶坊里的事情。娄门炽大冶坊管理人员间勾心斗角、互相拆台，甚至把本身的商业机密卖给同行。这家冶坊就这样不死不活拖了半年多，最终于1947年4月拆股歇业。

邱镇西手头有钱，散伙后，他从娄门转向胥门，以重金向快要倒闭的新丰面粉厂买下了原来沈余昌冶坊的基地，于1947年7月重新开张。邱老板憋了一肚子气，就想着干点名堂出来给那些散伙的股东们看看："我姓邱的不是扶不起的刘阿斗，咱们骑驴看唱本——走着瞧！"但是，人算不如天算，邱镇西在娄门炽大冶坊赚来的钞票据说约合黄金20条（每条10市两，1市两等于50克），几乎全部用于购买厂房、设备等固定资产，流动资金一时近乎枯竭，周转都困难了。于是，邱老板不得不铤而走险，走"卖空""拆头寸"（向银行、钱庄或个人临时拆借款项来平衡收支，其利息是相当高的）"吃高利贷"的老路。这些无疑是饮鸩止渴之举，它们就像一根根绳索套在复业的炽大冶坊的脖子上。

冶坊亏损越来越严重，拆东墙补西墙的结果是欠下一屁股债，弄到最后连工人的工资都发不出来。这时，炭行老板孙元良表示愿意赊购木炭给炽大冶坊，条件是炽大冶坊为他的炭行代加工。炽大冶坊就这样苟延时日。直到1951年12月，胥门炽大冶坊变卖资产、清偿债务后，全部家当连同人员一起并入民丰锅厂。

与炽大冶坊殊途同归的还有江念房永记冶坊，这是邓秀山与叶国桢联手的结果。两人瞄准江念房冶坊走下坡路的时机，筹集资金，果断出手，不仅租用江念房官炉的老牌子，还盘下了江念房的全部设备，连账房也一起端过来了。1945年，抗战胜利了，人心思定，市场复现兴旺，永记上马生产真是应了"天时、地利、人和"的良机。那两年，烫有"永记"字号的铁锅走俏江南，就连上海几家经营日杂用品的商号也都摆出了"永记"铁锅。那两年，永记冶坊赚了多少钱不得而知，但从年终职员在义昌福酒楼聚餐时邓老板得意扬扬的神情和自命不凡的话里大约可以揣摩出这两年永记过得很滋润："有道是'跟着老虎吃活肉，跟着老鸭吃糠谷'，跟着我邓秀山，好日子还在后头呢。"叶国桢当时喝得有点醉醺醺的，斜了邓秀山一眼，嘀咕了一句："还有我叶国桢呢。"邓秀山连忙说："对对对，老叶劳苦功高，我怎么敢忘记呢。"这一场欢宴至夜才散，谁也不会料到来年的一场意想不到的"秋寒"差点要了永记的命！

"秋寒"来自金圆券。国民政府为维持日益扩大的内战军费开支，决定废弃法币，改发金圆券。1948年8月19日，蒋介石以"总统命令"的形式发布《财政经济紧急处分令》，规定自即日起以金圆券为本位币，发行总限额为20亿元，限11月20日前以法币300万元折合金圆券1元、东北流通券30万元折合金圆券1元的比率，收兑已发行之法币及东北流通券；限期收兑民众手里的所有黄金、白银、银币及外国币券；限期登记管理本国人民存放国外之外汇资产。发行金圆券的宗旨在于限制物价上涨，规定"全国各地各种物品及劳务价，应按照1948年8月19日各该地各种物品货价依兑换率折合金圆券出售"。但是，这一政策一推出，立刻使得商品流通瘫痪，一切交易转入黑市，整个社会陷入混乱。1948年10月1日，国民政府被迫宣布放弃限价政策，准许人民持有金银外币，并提高法币和东北流通券与金圆券的兑换率。限价政策一取消，物价再度猛涨，金圆券急剧贬值。

至1949年6月，金圆券发行总额竟达130余万亿元，超过原定发行总限额的65 000倍。票面额也越来越大，从初期发行的最高面额100元，到最后竟出现50万元、100万元一张的巨额大票。金圆券流通不到一年，形同废纸，国民政府财政金融陷入全面崩溃的状态。

最倒霉的要数江念房永记冶坊了，被金圆券出笼时的虚假繁荣所蒙骗，委托各地跑街（相当于供销员）在江南各地推销铁锅，总计有5 000多套（10万多张），全部以金圆券结算。有一部分铁锅还是期款，短者一月，长者一季，结果是大把的金圆券砸在自己手里。永记冶坊的老工人沈师傅说，当时厂里的跑街先生都是背着一麻袋一麻袋的金圆券来的，金圆券跌得最结棍（吴方言，"厉害"的意思）时，比废纸好不了多少，50万元一张的金圆券买不来1斤腊肉。眼看着物价发疯似地往上涨，堆在账房间里的金圆券越来越不值钱，叶国桢急了，带着跑街连夜挤上火车去上海、杭州，希望用硬通货（金、银）结算货款，然后用金圆券去购买铁、炭等原材料。到了这节骨眼上，谁也不是傻子，叶国桢转了一圈，一无所获地回来了。眼看金圆券即将变成废纸，叶国桢没办法，只好见物就买，手忙脚乱地买了不少缸甏、丝绸被面等堆在厂里。这时，粗粗一算，永记冶坊已经亏蚀一空，倾家荡产了。万不得已，永记冶坊只能一面清理债务，一面收拾残局，拖到1950年春宣告破产关门。

曾在永记冶坊账房间工作过的刘先生回忆道："我每天上班都胆战心惊，就怕老板叫我去银行兑换金银。背了一麻袋金圆券出门，一早就要去排队。老闾门有几家钱庄，早就挂出牌子'不换金圆券'。只能跑到观前街的中央银行去换，那儿排队最长时要排到玄妙观，半里多路长。排到银行门口也不一定能兑换，因为每天都有数额限制的。"

生活在底层的工人就更苦了，工资发的是金圆券，背回来一大包，去米行里买米，只够买几升米。华师傅养了4个孩子，都是女孩。他一直想着生个男孩传宗接代，但事与愿违，第5个生下来的还是女孩。华师傅那一点薪水实在管不了全家7张嘴的吃喝了，他没办法，咬咬牙，就把两个孩子送给了亲戚家，一个2岁，一个才满6个月。1998年接受采访时，华师傅已是78岁高龄了，眼花耳背，昨天说过的事可能记不起来了，但多年前送走孩子的那一幕凄惨的情景恍如在眼前：2岁的孩子伸出精瘦的小手紧紧挽住他的脖子，怎么也不肯松手，哭得眼泪满面，一只手里还抓着华师傅前一天买的拨浪鼓……

1952年11月，由江念房永记冶坊脱胎而来的江念房洽记冶坊也因资不抵债彻底破产，并入民丰锅厂。

齐门外的三丰冶坊，虽然名声并不大，其创业发家史却颇有特点。当娄门炽大冶坊拆股歇业时，由学徒当上股东的邹尚启却心中盘算，胸有成竹。他拆股分到一套铸锅设备，又向亲戚借了些钱，在齐门外洋泾塘原江南冶坊的旧址上重起炉灶，冠名"三丰"，图个丰产、丰收、丰盈的意思。邹尚启虽然是"草根"出身，腰包里也没几个钱，但他肯吃苦，善于经营，既做老板，又当伙计，聘用的账房、跑街、管理都是自己家里人，实行的是"家族式管理"。这种管理模式延续了几百年，对于规模不大的作坊式经营还是颇为适宜的。三丰瞄准市场需求，重点制造耳锅。炉工林寿全是个肯动脑子的人，经过反复试验，找到了一条"废铁铸造，不加矽铁，保持色光"的节能新路子，铸造出一种近似皮锅而不加矽铁的新锅，将其命名为"丰字锅"，大大降低了成本。这种新锅推向市场后，受到消费者的欢迎。好多冶坊得知这一消息后，都不无嫉妒地说："真想不到鸡窝里还能飞出凤凰来哉。"

邹尚启崇尚一句俗语："小鸡吃黄豆，粒粒下肚。"三丰就开一只炉子生产，产品不求多而求好，小批量生产，稳扎稳打销售，反而比那些比它大得多的冶坊生存的时间更长。直到1951年12月，铸锅业、木业私私联营时，三丰冶坊才并入民丰锅厂。据邹尚启的儿子回忆说，父亲因为是苦工出身，对钱看得很紧，所以，借钱来开冶坊总是小心谨慎，拿他的话说是"小心驶得万年船"。三丰直到联营时也还是一家盈利的冶坊，而枣市街上比三丰大得多的冶坊早已负债累累关门大吉了。

苏州城外这些大大小小的冶坊如同条条小溪，最终都汇聚到民丰锅厂这条大河里来了。追踪它们的前世今生，却各有各的一本难念的经。如果不是公私合营，那么，绝大部分冶坊是挺不过二三年的。一些作为资方代表的冶坊主在工商联召开的座谈会上回忆曾经走过的道路时，无不感慨万千，都说是共产党救了他们，是人民政府使自己冶坊里的那些工人捧上了新饭碗。

公私合营后的民丰锅厂几经更名，1958年9月改名苏州民丰钢铁厂（图9），1959年改名民丰苏锅农具制造厂，1960年8月改名苏州市轻工冶铸机械联合厂，1963年回到原来的名称苏州民丰锅厂，增加了生铁铸管等产品。"文革"期间，民丰锅厂改名地方国营苏州锅厂。无论厂名叫什么，铸造苏锅总是摆在第一位的。

图9　苏州民丰钢铁厂生产设备
（图片来源：苏州市工商档案管理中心）

1958 年，资方代表、年满花甲的老炉主邱镇西光荣退休。在民丰锅厂为他举行的欢送会上，老人噙着眼泪说："解放前，我被高利贷逼得走投无路，想上吊的心都有了。那时的炽大其实是一个空壳子，外面的债务缠身。幸亏共产党和人民政府把我从高利贷的绳索里解救出来。过去，我就像黑夜里的瞎子，没有方向，做生意做得非常辛苦，还常常寅吃卯粮。到解放时，我的那个冶坊已是日薄西山、气息奄奄，是新社会救了我。作为资方代表，我真心诚意感谢共产党，感谢人民政府！"

第二章

苦斗篇

——炉火熊熊炼斗志

暗流涌动不眠夜

熊熊炉火映红半条枣市街的时候,也恰恰留下了最黑暗的漫漫长夜。

娄门外的江氏诸冶坊冷落了,一些掌锤师傅先后跳槽到了枣市桥的几家大冶坊里来。尤其是沈余昌、新振源等官炉生火后,这些掌锤师傅又通过亲属关系从农村招季节工到冶坊里来干粗活。冶坊的工作是有季节性的,一般都在4月底歇业,过了中秋节才陆续开炉。冶坊的工人大多是从江阴、无锡、湖州乡下招来的短工。这些人在农村里多属于半自耕农,须租别人田地或者做短工来弥补生活。春夏之间,青黄不接,他们高利向别人借债,重价向别人籴粮,较之自耕农生活境遇更苦。所以,每年冶坊来招工,这些人都会争先恐后出来打工。

民丰锅厂尚未拆掉前,在近河一侧有一排低矮的平房,堆满了铁屑、废料。老工人都知道,那几排房子就是原来的私人冶坊留下来的"工人宿舍",木门低矮得进出能撞头,窗户没有锅盖大,里面黑咕隆咚地排满床铺,中间只留出摆一张小方桌的地方。便是这样简陋的住宿条件,厂方还要克扣每个人1块银圆的租金。私人冶坊雇人烧饭烧水,工人伙食很差,交的费用却不低。比如一块2寸见长的焖肉,外面卤菜铺只卖2个铜钱,在厂里搭伙也要卖到2个铜钱。各冶坊还有名目繁多的罚款项目,如损坏砂模、私拿铁料、聚众闹事、不服管教、延误工期等,只要管工的看谁不顺就要罚款。进厂未满半年的徒工是没有底薪的,有时因为出了废料被罚款,月底结算还会欠下冶坊一笔钱。

枣市桥那些冶坊里的徒工们早就心生不满,有消极怠工的,有当面与工头顶撞的,甚至有人嚷嚷着要与炉主讨说法。枣市街上这几家冶坊,招收季节工总数最多时有1 000多人,炉主出于盘剥,有三分之一是雇用徒工。这些徒工一年里半年开工,半年回家种田,开工时每天工作12小时以上,但收入远远低于满师的雇工。当时流传在徒工中间的辛酸语有"做半年,吃半年,捧只饭碗苦黄连""吃了蒜苗烧豆瓣,卷起铺盖要滚蛋"。炉主们正是利用徒工们这种怕"丢掉饭碗"的心理,不仅随意克扣他们的工资,而且巧立名目来罚款。徒工们怨声载道,却又无可奈何，因为谁都怕卷起铺盖走人。

冶坊里的徒工是受欺压最重的群体，不但收入上低人一等，人格上还要常常受欺辱。老工人林寿金回忆自己当学徒时的情景，他说："为了能进冶坊混口饭吃，我的父母亲付'谢师钱'就背了不少债。徒工拜师的时候还要做一身白孝服、一双青布鞋，像当时乡下女人发丧时用白布束腰。我们被逼跪在车间的炉神堂里，点起两支一尺多长的大蜡烛，恭恭敬敬地磕三个响头。有个同去的学徒不肯磕头，就被工头在后背猛踢了一脚。学徒的伙食是最低标准，有饭无菜，只有一碗汤。有一天，好像是中秋节吧，饭堂里烧肉吃，肉香飘来，我馋得坐不住了，溜进饭堂偷吃了两块肉，被管工师傅知道了，他劈头就给了我两耳光。那时，我们徒工睡的是草铺，一间屋子里要睡七八个人。徒工们都说：'学三年，帮三年，吃冷饭，没工钱，还要拿出十担米的谢师钱。'"

曾在新振源冶坊做徒工的李伯兴也说："做徒工的日子真不是人过的，有一次开夜工搬铁模，我实在困得不行了，就靠着铁模偷睡了一会儿，被当班工头看见了，他不问青红皂白，操起棍子就朝我后背上打，打得我在地上打滚求饶。那时，我恨透了这个工头，他是老板从家乡带过来的人，就管着我们几个徒工。我们可不是好欺负的，暗暗商量怎么来报复这家伙。机会来了，有个姓王的徒工，说他认识一个姓舒的朋友，在总工会办事，愿意给徒工们撑腰做主。"

总工会那位"姓舒的朋友"叫舒正基（1895—?），河南商丘人，原延龄绸厂技工，早期中共党员，中共苏州独立支部的总工会联系人。"四一二"反革命政变后，总工会遭查封，舒正基受到通缉。他不顾个人安危，带领苏州工人代表团赴武汉国民政府请愿，事败后四处躲避，下落不明。（《古城火种——文化沧浪的红色记忆》，上海文艺出版社2011年出版）舒正基当时正在筹建市总工会，这是1924年初春的事。他骑一辆旧自行车到枣市桥的几家冶坊里来，把徒工中的骨干分子召集到枣市街的茶馆里，徒工们满满地坐了一茶馆。他给徒工们讲陈胜、吴广的故事，说"天下苦秦久矣"，受压迫受剥削的工人只有团结起来跟资本家斗，才是唯一的出路。

有徒工为难地说："我们没有炉主的威势啊，斗不过他的。"

舒正基说："一根筷子一折就断，一把筷子就折不断了。我们要抱起团来，枣市桥的工人可以抱起团来，全市的工人也可以抱起团来。"他让徒工们推举7至10人为徒工代表，要求增加月薪2个大洋，先与管工谈，由管工去告知炉主，如不答应要求就集体罢工。

计划出来了，代表也选出来了，可真要去这么谈，代表们又觉得十分为难，因为进冶坊做工也是不容易的，弄砸饭碗就糟了。最后你推我、我推你，没人肯出头，一次可以与炉主叫板的机会就这么泡汤了。

舒正基无奈地摇摇头苦笑了，深知要提高工人的觉悟不是一朝一夕的事。

1924年深秋，一场寒潮过后，风骤然变得激骨的冷。苏州铁木机厂资方想方设法克扣计件工资，使用所谓"大尺"，即在原量尺的量头包上两块铜皮，量进不量出，使工人的收入被平白无故打了九折。这一做法引起工人强烈不满，但资方一意孤行，不但不思悔改，而且借故开除8名工人。这就成了大罢工的导火线。这时，舒正基悄悄进入铁木机厂，准备组织三千人的罢工斗争。总工会暗中联络全市32家丝织企业，准备发起全市性大罢工以示声援。

舒正基随后潜入枣市街诸家冶坊，动员工人们参与罢工，声援铁木机厂的工人。

冶坊的徒工们开始还有些犹豫，怕炉主知道后砸自己饭碗。

舒正基了解到这一情况后，就钻进工棚里跟工人们谈心，说"人心齐，泰山移"，奸诈的炉主就是因为工人们心不齐，所以处处欺压他们。只要工人们拧成一股绳，成立自己的工会，炉主就不敢随便开除工人了。

压迫愈深，反抗愈烈。当下就有几个做学徒的毛头小伙跳起来，把胸脯一拍，表示要跟着舒正基干，大不了回家种田。舒正基非常高兴，冶坊里有200多名工人愿意站出来参加罢工斗争，提出的口号是"学徒工也是人""不能欺负学徒工""提高学徒工的工资"，他们决定三日之后举行全体学徒工罢工。可是，三天过去了，枣市街上一点声息也没有。舒正基急忙赶到冶坊了解情况，原来是组织这次罢工的李师傅因老婆突然生病连夜赶回江阴去了，群龙无首，难成气候。

新振源的炉主得知罢工的风声，提前给学徒工发放加班费，施以小恩小惠，一些人也就打退堂鼓了。

舒正基连夜把罢工骨干召集到工棚里，做大家的思想工作，说这次全市性的罢工不仅是为支持铁木机厂的工人兄弟，更是全市工人阶级的一次大亮相。黄连苦胆味难分，天下工人一条心。今天这个工厂的工人有难处，全市工人就要去声援；明天如果冶坊工人有难处，全市工人也会来声援。工人要争取自己的权利，只能靠自己。政府不会站在工人一边，奸诈的老板更不会站在工人一边。工人只有团结起来，才能跟老板斗，才能争取到自己的权利。

舒正基随后介绍了其他厂的罢工态势，热情地鼓动说："现在南门外的工厂闹得热火朝天，胥门外的鸿生火柴厂也动起来了，阊门外手工作坊里的工人也纷纷行动起来，就是枣市街上还冷冷清清。我们不能临阵退缩，退缩是没有出路的。我们冶坊工人是跟铁打交道的，说话做事也要像铁一样硬。"他的一番话，把众人的心又说动了，工人们当即表示明天就行动，还说谁临阵退缩谁就是缩头乌龟。

第二天，200多个学徒工都丢下手里的活，"呼啦啦"一下涌到冶坊门口来。炉主们眼看炉前拉风箱的人没了，搬泥坯的人没了，铲炉渣的人也没了，急得双脚跳，破口大骂："哪个王八蛋敢出去参加罢工，我就砸他的饭碗！"众人哈哈大笑，"呼啦啦"都涌出了大门，走上枣市街。他们举起了前一天夜里做好的写着"冶坊欺压学徒工""学徒工也是人"的横幅，呼喊着向胥门走去。

1924年11月的一天，全市有上万名工人参加了声援铁木机厂工人的游行示威。浩浩荡荡的游行队伍从平门出发，由接驾桥向西到阊门，绕一圈后又从景德路折向城里，在北局前的空地上举行集会，发表演讲，展现出工人阶级登上历史舞台后的浩大声势。

据《古城火种——文化沧浪的红色记忆》中记载，共青团苏州特支书记周学熙、教师党员顾容川、工人党员舒正基和潘志椿等共同组成了罢工领导小组，具体指导这次罢工斗争。指导思想是配合南方的革命，趁热打铁，把各厂工会组建起来，在积极分子中发展工人党员。罢工策略是只提经济诉求，不提政治诉求；秘密建立工会组织。

不久，警署派军警秘密抓捕了7名工人代表，其中就有舒正基。罢工领导小组再次组织万人以上大罢工，冶坊的学徒工也是其中的一部分。工人们浩浩荡荡奔赴警署，要求立即释放工人代表。警署迫于民众的压力，不得不释放被抓的7人。随后，罢工队伍浩浩荡荡前往苏州总商会，要求商会出面，调解劳资纠纷。工人代表提出的条件有：不得克扣工人劳动所得的所有报酬；不得歧视女工，给予女工经期假、产假；不得剥削学徒工；各厂均应成立工会；等等。

总商会与工人代表谈到了深夜，最后不得不同意罢工条件，并以文告形式传达各厂。

这次全市性的总罢工取得了完全胜利。学徒们回到冶坊后，神气得很，有的就吹"我也是见过大世面的"。炉主们因为有商会文告的约束，暂时也不敢发威，口头上答应建立工会，善待学徒工，提高他们的工资，但阳奉阴违，一拖再拖，最后不了了之。

工潮并未停息

发生在新振源冶坊最大的一次工潮是在1942年的初冬。导火线是一个姓刘的工人操作不慎，被足有1 000多摄氏度的铁水烫伤，两条腿已经残废，被家人抬回无锡乡下。刘师傅所欠博习医院（今苏州大学附属第一医院）的医药费近500元以及刘师傅应得的两个月工资，家属们几次向冶坊催讨，均被宣老板拖着，不说给也不说不给。那天，家属们忍无可忍聚集到冶坊账房间里，要求炉主支付医药费和工资。宣老板躲着不见，家属们非常气愤，就砸了账桌上的一块玻璃。这下，宣老板抓住了把柄，他立马嘱人报警，告家属们"寻衅滋事"，两个带头的男人被抓走了。宣老板还扬言要对方赔偿损失，所欠医药费、工资一个铜板也不给。

冶坊工人，尤其是刘师傅的两个徒弟见状非常气愤，一个说"要给姓宣的一点颜色看看"，另一个说"我们大不了与他拼个鱼死网破"。他俩联络工友，突然宣布全坊罢工。太司务还想命令一些炉前工不要熄了炉火，但被罢工的组织者吓住了。组织者扬言："谁敢去当炉主的走狗，别怪我们不客气！"

罢工者提出三项条件：一是冶坊必须足额支付刘师傅的医药费、工资；二是鉴于刘师傅已成残疾，生活无法自理，冶坊必须给足其下半辈子的生活费；三是由于物价飞涨，工人工资应提高10%。

宣老板与工人代表会商,只答应第一个条件,还威胁道:"我限你们两日内复工,如不服从冶坊规矩,我就开除你们!"

工人们怒目朝向宣老板,齐声喊道:"不答应条件,绝不复工!"

宣老板的傲慢态度激怒了刘师傅的一个徒弟,这家伙长得五大三粗,脾气特暴,当天半夜里就提了把斧子守在枣市街口,就等宣老板外出应酬回来。月上屋脊,他看见有一辆黄包车"叮叮叮"一路响铃朝枣市街跑来,宣老板跷着二郎腿坐在车上。说时迟,那时快,伏击者猛地从墙角里蹿出来,手一扬,操起利斧就砍了下去。黄包车夫吓得魂飞魄散,慌乱中用车杠一挡,这一挡,宣老板倒留下了一条性命,只是左肩被砍了一斧头,顿时鲜血淋漓。后来,宣老板被送进医院疗伤半年多,那只胳膊还是抬不起来。警局画影缉拿杀人凶手。那个行凶的徒弟连夜逃出了苏州城。有人说他连夜过江到北边投奔新四军去了,也有人说他是逃回老家安徽的山里去避难了。

宣老板吃了这一斧头后,再也无心打理冶坊业务,就将冶坊交给一个亲戚代管。经过劳资双方三番五次的较量,双方各自做出让步,资方同意给冶坊员工加工资5%,冶坊承担刘师傅的医药费并付清拖欠工资,同时给予刘师傅一笔安家费。

半个月后,尽管新振源的两只炉子又冒出了腾腾烈焰,但罢工事件极大地鼓舞了生活在底层的劳苦工人,给炉主及监工们以沉重打击,使其往日的嚣张气焰收敛了不少。

枣市桥的工潮刚刚停息,娄门外江记冶坊风波又起,演出了相似的一幕。

话说有个叫"小和尚"的学徒工,人长得矮小,脑袋光秃秃,手脚十分勤快,掌炉师傅很喜欢他。一天,开炉泻铁水,上千摄氏度高温的铁水从铁斗里往外涌,底部有个铁卡口锈蚀了,被铁水猛地冲开,火花飞溅,漫向四处。小和尚躲闪不及,两条腿被烫烂了。掌炉师傅立刻背起他要送娄门口的私人诊所,炉主不让,非要让大家把炉斗里的铁水清理干净才能走,因为炉子里残留铁水,炉子就要报废了。

"人命关天,救人要紧!"掌炉师傅推开炉主,夺门而出,背着小和尚奔向诊所。经诊断,所幸铁水没有伤及骨头,但两条腿要站立走路,起码得卧床养伤一百天。掌炉师傅要求炉主给小和尚付清医药费,由冶坊贴补小和尚每天的伙食费。炉主眼睛一瞪，两手一摊，什么都不答应，反而要在场的所有工人赔偿这一炉铁水的损失以及损坏的炉子。

掌炉师傅怒不可遏，再三与炉主交涉，对方就是不肯松口。

当晚，掌炉师傅把全冶坊40多个工人找到工棚里，说："我们要给炉主一点颜色瞧瞧，从明天起两只炉子全部停火，大家都到账房间里找炉主评理。"掌炉师傅在工人中有一定威信，他这么一说，大家立刻响应。第二天，天刚蒙蒙亮，全部工人都集中到账房间，就等炉主到场。炉子不生火，铁模扔了一地。所有人都把围裙往肩上一搭，表示不干了。

炉主闻讯赶来，一见这场面就慌了，因为枣市桥的同行正在看娄门外冶坊的笑话，万一闹到官府里是没有好果子吃的。他赔着笑脸，拉住掌炉师傅坐下来，说有话好商量。他最终答应小和尚的医药费由冶坊去付，小和尚养伤期间的伙食费也由冶坊包下来。

众人满以为事情就这样了结了，哪知道炉主使坏，只让小和尚瘸着伤腿在工棚里住了个把月，就要送他回老家江阴，拿掌炉师傅的话说就是"一脚踢出门"。

小和尚泪流满面，却也无可奈何。过了两天，一个风雨交加的夜里，账房间忽然失火，烧掉了大半间，冶坊元气大伤。有人怀疑是小和尚放的火。这时已经找不到他了，他一瘸一拐地坐船回江阴去了。

黎明前的黑暗

通货膨胀是贯穿于民国最后几年中的突出事件，是经济的、社会的问题，也是影响冶坊工人生活的关键要素。在人为制造却无力控制的通货膨胀下，工人日常生活由窘迫、艰难到最终陷入绝望。物价漫无限制的飞涨，使人们对日常生活产生恐慌的同时，也对政府失去了最后的信任。所有的挣扎只是为了活命，所有的希望都像吹大的肥皂泡一样破灭了。一个连民众基本生活都不能保障的政府，怎能不被它的民众所抛弃？而且，通货膨胀下的人心恐慌与社会动荡，也预示了国民政府即将终结。

由于连续十多年的抗战与内战，通货膨胀像一匹脱缰的野马，越来

越难于驾驭。长期的战争损耗使政府的财源日益枯竭，为支持日益庞大的财政开支，政府开始大量发行纸钞，从而引发了国统区的通货膨胀。根据《经济周报》所发表的数据，代表物价市场的上海物价指数，1945年9月为346，1946年12月为9 713。一年零四个月的时间内，物价上涨了28倍。若以全面抗战前的1937年6月为标准，至1948年8月，法币发行量增加约47万倍，物价指数上涨约570万倍。

1948年8月的金圆券币制改革虽然一度重新调整了物价，但仅仅70天后，物价又以更加迅雷不及掩耳的速度飞涨，完全超出了普通百姓的承受能力，带给他们犹如隔世的感觉。由于战争的原因，有些物品的价格上涨更厉害，远远高于物价上涨的平均水平。战前一封平信的邮价是5分钱，到1948年4月增长到5 000元，还严重低于当时的物价水平。按照当时的物价水平，算起来应该是16 500元。一口上好的棺木，战前不过400元，战后却增长到200万元。

普通百姓拿到金圆券马上就兑换金银和抢购货物。上海、苏州等地的抢购风潮、抢米风潮一浪高过一浪。据统计，1948年全年，包括上海、苏州在内的40多个城市出现抢米风潮，参加群众多达17万人。上海抢米风潮一天曾涉及27处。[《中国通货膨胀史（1937—1949年）》，文史资料出版社1986年出版]到1949年5月，金圆券几乎变成废纸，500万元只能相当于1948年9月的1元。市场上的粳米每石（1石相当于120斤）卖金圆券4.4亿元，若以每石米约有320万粒计，买1粒米就要130多元。(《民国财政史》，中国财政经济出版社1985年出版)

下面两则新闻充分说明了1948年国统区物价飞涨的实情：

【新华社延安十五日电】

在百物价涨声中，官僚资本的公营事业起了先锋作用，自一日起，铁道客运增价六倍，货运增价四倍，电费增价一倍；七日起，航空邮资亦增十倍，航空平信增至每件五十元。据悉自来水也拟于本月份增资五成，市民对着一片涨价声，同声叫苦，称之为"公开的垄断居奇"。

【新华社延安十七日电】

国民党统治区连日物价继续飞涨。据中央社报导：截至十二日止，北平面粉每袋由一万八涨至二万二，米每百斤由三万五涨至五万，黄金每两由十五万涨至二十一万，南京黄金竟达一十八万六，米每石三万四,杭州米每石四万,金十八万,天津米每百斤四万,黄金二十万以上。济南大米每百斤四万,小米每百斤二万七,面粉每四十斤一万九。青岛大米每百斤四万八千五,太原黄金则突破二十四万五。更有甚者,潮汕一带,米竟涨至每石十六万,广州上月二十二日,米每百斤即达六万。长沙上月二十三日,米每石即达五万,现当不止此数。

(摘自《新闻资料》,新华出版社 2001 年 10 月出版)

当时的《苏州明报》在叙述了物价上涨之后,每每总以感伤的口吻做出总结:"商民莫不叫苦连天,薪水阶级更苦不堪言""一般贫民大受威胁"。语言虽然抽象,却是现实生活的真实写照。粮食与煤是生活的必需品,正因如此,也最容易受到物价飞涨的侵袭。粮食一日几涨的现象在当时相当普遍。"百元烧饼,逐渐缩小,已缩至不可再小之程度,前日起已改卖 200 元";"一般市民已痛感生活压迫之不堪再忍受";一洋车夫竟愤然大呼"干脆来个原子弹,大家玩完",记者认为这虽为气话,却"道尽市民苦闷心情"。(摘自《苏州明报》,1948 年 4 月 17 日)

民众街谈巷议,都以物价为话题。他们并不是对政治麻木不仁,而是由于现实生活的逼迫。面对生活必需品漫无限制的涨价,万千家无宿粮的为人夫为人父的工薪阶级的穷苦工人闻"价"色变,心头像压着万斤重的铅块。街头巷尾,人们互相探问、窃窃私议:"天不会快塌了吧?"

新振源冶坊及枣市街、皇亭街上其他小冶坊的工人日子更加难过,因为工资涨幅平均为 15%~20%(据苏州商会的统计资料),而 1947 年至 1949 年年初的物价比之 1946 年的物价至少涨了 350 倍至 500 倍!

新振源冶坊由于内外交困,债务缠身,早已力不从心,炉主与众股东都无心经营,炉子也是烧烧停停,工人的当月收入连糊口都困难。不少人就撂下铁铲回乡下种田去了,更多人已无田可种,无乡可归,只能在下班后到码头、车站去找活干,赚点钱补贴家用。没有力气的人只能一天喝两顿菜粥,生了病就躺在床上等死。

曾在新振源掌大锤的黄师傅说:

1949 年 5 月,钞票贬值、物价飞涨,各式买卖经常要以大捆钞票进行交易。通常我们拿到金圆券马上就要去兑换金银或抢购东西，抢购风潮一浪高过一浪。当时，胥门市场上的大米每石要金圆券4.4亿元，若以每石米320万粒计算，买一粒米就要金圆券130余元。一麻袋金圆券换不来一布袋面粉。许多商店的店主、店员破天荒地说自己的商品质量不好，劝阻顾客购买。顾客哪管那么多，见什么买什么。我们冶坊里有个老师傅从货架上抓了几盒青霉素，店主吃了一惊，问他是否知道青霉素的用途，老师傅回答说："管他个娘啊，反正它比钞票值钱。"在鞋铺里，连最老式的、不论大脚小脚穿的各种鞋子都被抢购一空。一盒宝塔牌火柴要用一布袋金圆券去买。

（据1999年采访记录）

铸锅师傅丁顺昌说：

冶坊工人真的太苦了。就说我家吧，上有老下有小，老娘中风后就瘫痪在床，吃喝拉撒都得靠人服侍，我老婆就不能出去干活了。3个孩子那时都还小，一家人的吃饭就靠我那点工资。说出来你也不信，我们当时领工资都要准备好一个大口袋，每个月的工资能装满满一口袋，但是一口袋的钞票还换不来2个银圆。眼看着家里人跟着我挨饿，尤其是我那刚出生3个多月的小子，他母亲因为营养跟不上，奶水不足，孩子整天饿得哇哇哭。我心疼儿子，就厚着脸皮去跟邻居家借米，跑了3家才借到半升米。那年头谁家的米缸里都是空的。米借回来后就熬点粥汤给孩子吃。老大老二是女孩，也饿呀，就偷着去舀粥汤喝。我当时不分青红皂白，上去就是两耳光。现在想想，肠子都悔青了。

生活再苦再难，总得活下去呀。我就去火车站帮人扛行李。出来扛行李的人很多，所以，为保住这点活路，就打架，就要买通车站里的人。我刚去的时候哪里晓得这个门道，想着拿根杠棒凭力气就可以赚钱了。我记得那天傍晚的时候，我正要回家，半路上被一个流氓堵住了。这家伙瞪了我一眼，操了一口苏北话，问我懂不懂规矩。我问他什么规矩，他说交保护费，每人1个银圆。我想他这是敲竹杠啊，就不理他。他摇着身板走近我面前，拍拍我的肩膀说，不交保护费，今天就别想回家。我一听，当时就火了，心想老子就想出来赚几个钱给孩子熬点粥喝，他居然还要敲诈我，老子跟他拼了。我不由分说，举起杠棒就朝他脑袋上砸。这家伙闪开了，从腰里拔出短刀朝我刺过来，被我一棒打落在地。我是冶坊里出来的，力气比他大，一把揪住他的衣领，往后一拖，把这家伙摔在地上。我骑在他身上一顿猛揍，揍得这家伙哭爹喊娘求我饶命。我说："要我饶命可以，从今以后从我面前消失，我若再看见你一回就打一回。回去告诉你那帮同伙，老子是枣市街冶坊里打锤的，有种的就放马过来，我见一个揍一个。我最看不惯的就是你们这帮只会欺压百姓的家伙。"从那天起，我再没见过这家伙，也从来没有人敢问我收保护费。你看看那年头社会治安多乱哪！

（据1999年采访记录）

黄师傅的师弟张水根离开冶坊回老家种田去了，可种田的日子也不好过：

我回到无锡洛社乡下，老婆见我没带回来几个铜钿（吴方言，指铜质硬币，亦泛指金钱），与我怄气。我也是臭脾气，把老婆打了。第二天她就逃走了，至今也不晓得是死是活。我那时带着两个小囡：一个7岁，男孩；一个2岁，女孩。又当爹又当娘，那日子真叫"黄连树下吃苦胆——苦上加苦"。家里向张姓地主租来3亩田，老婆向镇上的米行里借过"粒半头"（一种放高利贷的形式，即在青黄不接时，农户向米行借米度日，到当年秋天新米登场时归还，借米1石还1石5斗，换言之，就是借1粒米还1粒半米，故称"粒半头"）的债，秋后收下来的新米还不够还债。我实在没办法，就把女儿卖给无锡城里一户朱姓人家，换了20个银圆来还债。我至今记得把女儿抱出家门时，她好像懂事似的一直死死抱住我的头颈……过去的事，现在说起来还心酸得很。我不晓得哭过多少回了。解放后我也到无锡城里去寻找过女儿，可那家人早就搬走了。

（据1999年采访记录）

做泥模的葛师傅从来没有离开过冶坊，干活也很卖力，况且是单身，"一人吃饱，全家不饿"，可一个人的日子竟也是越过越艰难：

我没有家庭负担，在冶坊里算有几个钱的。以前每天大清早还能去枣市街上吃一碗"鱼肉面"（每碗9个铜板），后来连"阳春面"（每碗2个铜板）也吃不起了，越涨越结棍（吴方言，"厉害"的意思）。抓了两沓金圆券，人家就是不肯卖给你一碗光面。没办法，我就去胥门粮食市场买了一袋白馒头，每天蒸几只吃吃，下粥菜是"雪里蕻"（咸菜）。一个月不开荤腥，就怕那一点积蓄一下子花完了，万一有个头疼脑热就麻烦了。船漏偏遇顶头风。老家里传来消息，80多岁的老娘出门时跌了一跤，跌断了大腿骨。我一听心里一沉，火急火燎赶回家，老娘在床上躺了半年多就走了。老娘临走时拉着我的手说："娘活过了80岁，也不算短寿了。娘没啥巴望，就想能困（睡）一口棺材。"当时村里有很多穷人家人死后困不起棺材，就用芦席一卷入土了。我答应娘一定买一口实木棺材，让她体体面面上路。一口棺材的钞票花光了我这几年的积蓄。回到冶坊里，我就拼命做，再怎么做还是填不饱肚子。要不是赶上解放，我有可能就累死在泥模边了。

（据1999年采访记录）

浇铁工季师傅的日子更惨。他的老家在江阴，生了双胞胎小子。俩小子都到了结婚年纪，可是没有人上门来说媒。按江阴当地习俗，要讨娘子，先要准备房子、银子。季师傅十分节俭，连"洋烟"都不舍得抽一根，吃的都是老家带来的旱烟末。便是这样，别说盖房子，就是给女方的彩礼钱也拿不出来。大儿子实在熬不过乡下毫无指望的日子，一咬牙外出谋生去了，一走就是两年，是死是活家人都不知道。同胞弟弟于是变得闷闷不乐，整天猫在家里，地里的活不想去做，一天说不满三句话，说起话来颠三倒四。有时，半夜里会独自爬起来，到厨房里拿把菜刀，对着门框一通乱砍，满嘴胡话："诸路小鬼听好了，我乃判官也！"用现在的心理学分析，他是得了妄想症。可那时候哪知道这病，都说是"鬼魂附体"，就请乡下的"大仙"来驱"鬼"，结果"鬼"没驱走，人倒弄丢了半条命，只能病恹恹地躺在床上。季师傅的老婆看家里弄成这个样子，实在无力承担，整日以泪洗面，最后用一根绳子结束了自己的生命。

家里屡遭不幸，季师傅没办法，只好歇工回老家去了。没有收入，靠田里那一点出产，日子更是黄连树下吃苦胆——苦上加苦了。

漫漫长夜，生与死的挣扎，苦难的冶坊工人盼着东方出红日，天赶快亮吧！

第三章

创业篇

——激情岁月交响曲

柳暗花明又一村

1949年4月25日深夜，来自浒墅关方向的枪炮声如同一声声春雷，震动了半个苏州城，让睡在简陋工棚里的冶坊工人彻夜难眠。

苏州城在黎明的曙光中惊醒了，冶坊工人快活得你敲我一下，我捶你一记，都觉得苦日子可能熬到头了。他们兴奋地走出冶坊，到胥江畔去打探情况。那儿聚集了不少人，都说解放军就要进城了！

出身于山东沂蒙山区一个贫苦农民家庭的翟新义，17岁参加八路军山东沂蒙支队。1949年，他已成长为中国人民解放军第三野战军85师的一名连长。这年4月22日，百万雄师过大江，他所在连队随大部队从江阴口岸登陆，紧接着就接到了师长朱云谦解放苏州的命令。翟新义暮年回忆，当时中国人民解放军第三野战军85师两个团的兵力部署在苏州城外的浒墅关、枫桥等地外围，开战前接到上级命令，"在苏州不准放大炮，不准拿群众一针一线，不准扰乱苏州市民的生活秩序""园林是文物，要特别保护"。

驻守在铁岭关、枫桥、高板桥等处的国民党部队闻风而逃，解放军部队几乎不费吹灰之力就解放了苏州。

"我们只朝天开了几枪，"翟新义竖起4根手指，笑着说，"我记得是4月底，想起来了，1949年4月27日上午约10时，我率连队作为先头部队从石路进入苏州城内。"当时，他和全连战士穿着一身土黄色的军装，胸前佩戴白底黑字的"中国人民解放军"胸章，肩扛背负各种武器和给养。"我们的队伍向太阳，脚踏着祖国的大地，背负着民族的希望，我们是一支不可战胜的力量……"他们齐声唱着激越的战歌，踩着雄壮的步伐，雄赳赳、气昂昂地进入苏州城。

苏州市民纷纷涌上大街，喊着"共产党万岁""毛主席万岁"的口号，挥动小红旗，夹道欢迎解放军。（图10）

图10　群众冒雨欢庆苏州解放

（图片来源：苏州市方志馆）

那天，是苏州的解放日，也是民众的狂欢日。枣市街大大小小的冶坊都相继停工了，有一大半工人兴冲冲地从胥门跑到阊门去迎接解放军进城。那种兴奋的心情就像久违的阴雨天忽然看到了太阳。工人阶级朴素的阶级感情告诉他们，新中国成立，社会进步了，以后冶坊工人的日子至少会比现在好过得多。

这从冶坊炉主的脸上也可以看出来。炉主不再神气活现，看工人时的眼神也不再是充满鄙夷的、不屑一顾的，而是多少带有一点讨好的成分，尤其是面对护厂队的工友，有时还笑眯眯地递上"美丽"牌香烟。

民众在狂欢之后，很快就安定下来。苏州市军事管制委员会（以下简称"军管会"）发出通告，要求工厂复工、学校复课、商人复市，一切都照常进行。至1951年，苏州仅有5家锅厂幸存下来，但其中的"炽大""联一"早已入不敷出，资产耗尽，名存实亡。尚在维持生产的只有"江念房""三丰""大德"三家冶坊。娄门外的江记诸冶坊早就人去炉熄，而西边枣市桥的冶坊也都关关停停。炉主们六神无主，茫然不知所向，都懒得打理冶坊事务。这中间也不排除个别炉主对时局担忧，想着早些关门歇业。

1950年2月的《新苏州报》发表了一篇短文，题目叫《冷冷清清的枣市街》，其中对十多家冶坊的描述是这样的："炉子有一多半已然熄火，坊门紧闭，隐约可以从栅栏门里看到厂里的工人稀稀落落，堆放生铁和泥模的地方长满了蒿草。枣市桥下，往年停满了商船，其中一多半是来装铁锅的，今天却一条船也看不见。"

就在这举步维艰的时刻，人民政府伸出了援手，指出"私私联营"的发展之路，动员 5 家冶坊、7 家木行组成了"民丰苏锅农具制造厂股份有限公司"，提出"联合生产，保障供应。有产全合，无资工并"的联营方针。

当时负责"私私联营"牵线搭桥的物资公司三次召集联营各方，与他们一起想办法、定措施，帮助他们渡过难关，尽快恢复生产。军管会也派人到物资公司，指出铁锅、竹木器具等生活必需品和农业生产必需品是物资公司的经营范围，务必抓紧再抓紧，市场供应不能出现断档。很快，所有冶坊都恢复点火开炉了。

中华人民共和国成立初期，政府做的第一件事就是满足市场供应，稳定物价，让利百姓，安定民心。苏锅在原价基础上被拦腰砍了一刀，每张出厂价定为 0.40 元。1963 年至 1965 年的三年之中，苏锅连续降价 5 次，出厂价从每张 0.33 元逐次下调为 0.285 元、0.248 元、0.23 元、0.22 元、0.197 元。1982 年年底，苏锅每张零售价为 0.28 元。用当时粳米（0.14 元/斤）换算的话，铁锅每张零售价也就相当于 2 斤中等粳米。

冶坊利润微薄，资金不足，周转困难，入不敷出，纷纷出现衰退迹象。加上一些炉主疏于经营，三天打鱼两天晒网，使生产与经营复处于不死不活的状态。

苏州市档案馆馆藏档案《苏州市调整工商业冶坊工业资料意见报告书》中写道：

去年（1949 年）秋收后，社会经济如见好转，三丰、江念房、炽大三厂次第开工，工资问题经与劳方协妥，以三石为标准。随后大信、七房二家亦相继于九、十月开炉……新源锅厂开设产品以食锅外兼制汤罐，初期营业尚佳，但未久产品销路转呆，米价则徐步上升，至农历年底，销路更形惨落。资方为欲发放年底工资，争求脱货求现，售价与成本脱节甚巨，而原料价格则反为增高，造成各坊巨大亏蚀，经营方式亦

更难掌握正常。至春节继续开工,为补进原料和经常业务费用,需款迫切,又不得不以低价承接订货,以期周转。孰意开工后,销路依然萎缩,各厂际此均感罗掘俱穷……如是,除新源外,其余五坊均已生产,出品激增,造成了供过于求,事实上不能符合以销定产之原则,又以各坊资力脆薄,都需脱货求现,以支撑开支,乃不顾血本,削价竞销,亏蚀则与时俱增。七月,大信、七房、三丰、炽大以季节性关系先后停炉,仅江念房一家迄八月底仍未间歇。

1950年6月,中共七届三中全会在北京召开。会议的主要议题是确定党在国民经济恢复时期的主要任务,以及实现这些任务所必须开展的各项工作和应当采取的战略策略方针。毛泽东向全会做了《为争取国家财政经济状况的基本好转而斗争》的报告,指出:全党在国民经济恢复时期的重要任务,是为争取国家财政经济状况的基本好转而斗争。报告中把现有工商业的合理调整作为争取国家财政经济状况基本好转的一个重要条件。

毛泽东在会上还做了《不要四面出击》的讲话,指出:"我们不要四面出击。四面出击,全国紧张,很不好。我们绝不可树敌太多,必须在一个方面有所让步,有所缓和,集中力量向另一方面进攻。我们一定要做好工作,使工人、农民、小手工业者都拥护我们,使民族资产阶级和知识分子中的绝大多数人不反对我们。"

从1950年下半年起,全国各地根据中共七届三中全会的指示精神,开始调整工商业政策,包括合理调整公私关系、劳资关系和产销关系。

调整公私关系方面,政府采取的主要措施有:

(1)扩大对私营工业的加工订货和产品的收购、包销。随着加工、订货范围的迅速扩大,私营企业上半年的萎缩局面很快得到扭转。

(2)调整公私商业的经营范围和商品价格。国营商业应把主要力量放在批发上,以调节市场,稳定物价。国营商店让出30%左右的零售业务。

(3)对私营工商业进一步发放贷款。

(4)调整税赋,对部分工业产品减税,裁减税种、税目,提高所得税起征点。

调整劳资关系方面,资方要确认工人的民主权利,积极改善经营管理；劳方为维持生产，可暂时降低工资福利的诉求，轮流歇工，共渡难关。劳资纠纷由劳资双方协商解决，协商不成由政府仲裁。

调整产销关系方面，企业应逐步克服生产中的无政府状态，根据统筹兼顾、计划配给的方针，通过调整销售渠道，实现产销平衡，有计划生产。

苏州市工商局根据全会精神，发出了"稳定物价，促进工商业发展"的指示，其中有专门针对苏锅的：凡有利于国计民生的工商业，如苏锅，必须充分利用，并受到党和政府的保护、扶植、发展。凡不利于国计民生的，一律严加限制。彻底加强社会主义改造，共同走上社会主义的康庄大道。苏锅，既是苏州的名牌特产，又是人民生活的必需品，必须充分利用锅厂的积极因素，限制并改造其盲目生产、经营、竞争的消极方面。积极扶植其发展，更好地为人民服务。这些指示如春雨润苗，给各大小冶坊打了一剂强心针。苏州市工商局随后派人到各冶坊，商讨研究私私联合生产经营的问题，提出了"全盘考虑、统筹兼顾、合理安排、改善经营"的16字方针。公私合营的苏州物产贸易公司（以下简称"物贸公司"）拆借部分资金给"私私联营"的民丰锅厂，使奄奄一息的炉子起死回生、复又生火了！

民丰锅厂的葛倍金师傅说："我那时正在无锡乡下。看看冶坊里没啥事做，赚不到钱，只能回乡下去种田。其实我是很不舍得离开民丰厂的呀。一天，厂里来了两位同志，其中一个是秦师傅，我熟悉的，左眼旁有块疤痕的。他们说，民丰锅厂得到物贸公司支持，马上就要恢复生产了，让我跟他们一起回厂里去做。我一听就喜出望外，马上就收拾行李跟着厂里人回厂了。说心里话，我们民丰厂的工人真巴不得铁炉子赶紧点起来。冶坊工人嘛，炉子热了心里才热，出力气赚钞票是最要紧的。"

貌合神离的炉主们

按理说，一条快要沉没的船经过多方挽救应该可以扬帆起航了，万万没有想到的是节外生枝的矛盾又凸显出来了。在联合经营的筹委会第三次会议上，冒出了违背联营原则的提议。个别筹委会委员说："总则（指私私联合生产经营的总则），当然是我们研究、商定具体细则的根基，但我们也不能不瞻前顾后。考虑民丰的基础开支和发展打算，木业转入流动资金，人员由木业自己抉择；锅厂的资方从业人员太多，江念房洽记锅厂虽有资产，但为节约开支，最多也只能并进两位资方代表为宜。"

听话听声，锣鼓听音，筹委会召集人叶国桢当即就察觉这位委员的发言味道不对，有意挑拨锅厂和木业社之间、劳资之间的关系，因此拍了一下桌子，让对方不要再往下说了，并表示一切要按早已商定的联营原则办事，不能以所谓节约基础开支等理由来瓦解联营的架构。

对方死不买账，硬撑着要和大家辩个青红皂白。

叶国桢宣布会议暂停，让大家回去酝酿成熟后再来开会。

酝酿三天后，筹委会召开第四次会议。会议开始时气氛正常，众人发言也都着眼于"合"而不是"分"。会议开到一半，那位固执己见的委员突然发难，老调重弹："为了节约开支，江念房洽记锅厂可以先由叶国桢和其他一位股东并入，还有两位股东要待企业稳固后再行并入。要想联合得好，总归要有点让步的。"

叶国桢勃然大怒，手指着刚才发难的那位委员说："你别唱高调了，你的意见说穿了就是不想联合！合则胜，分则败，这个简单的道理你应该明白！"

尽管叶国桢在会上据理力争，但还有些委员与那位发难的委员想法是一致的，这时他们都默不作声，冷眼旁观看好戏。叶国桢心寒语激："筹委会如不能坚决按联合生产经营的总则办事，姑息个别人无理取闹，制造分裂，那我们只能坚持原则，决不迁就。如果筹委会同意考虑我们的意见，请再通知我们开会。否则，一切免谈！"说罢，他看了大家一眼，拂袖而去，会议不欢而散。

无论是炉主们还是木业主们，思考问题的出发点都是一个"我"字，拨拉的都是自己的小算盘，就像一盘散沙，硬要捏成一团确实很难。筹委会第四次会议议而未决，没有明确结论，换言之，这是私私联营面临的第一次分裂。

会上一时是谈不拢了，但民丰人的脚步没有停。他们利用从木业拆借来的资金，派员赴浙江、安徽山区采购木炭，去上海、杭州等地采购原辅料，做好开炉的准备工作。城东江念房洽记锅厂也从银行争取到了工业贷款，同样做足了开炉前的文章。这时，苏锅的天下实际上变成了二虎相争。

洽记从秋炉开始生火，民丰晚了三个月才开炉生产。表面上看起来是"大路通天，各走一边"，但在销售地区和价格的竞争上两家咬得更紧了。恶性竞争刺激不了市场，只能使市场提前饱和。民丰生产的皮锅和丰字锅压库越来越多，砂锅更是无人问津，当年就亏损10万多元。资金周转，生产持续，乃至工人工资的发放，都出现了严重问题。

洽记产的矽锅尽管因为质量稳定赢得部分客户，但终究销路不畅。民丰为拓展销路，及早消化库存，就向洽记原先占有的市场发起冲击，大打降价促销牌，降价后的零售价比出厂价还要低10%~20%。洽记发现民丰来挖自己的墙脚后，也不甘示弱，同样以降价来迎战。两家锅厂不顾成本、不计后果，降价战达到白热化的程度。拿《新苏州报》市场记者的话说，"这是鸡蛋碰鸡蛋的游戏，最后是两只鸡蛋都碎了"。果然，不幸被其言中，民丰亏损加大，欠发工资；洽记资不抵债，力不从心。

民丰和洽记经过不到一年的血拼，彼此都感到进退维谷，焦头烂额。这时，民丰新来的当家人符佩森面对现实，主动放下大厂的架子，约请洽记老板到三万昌茶楼吃茶。过去，苏州人有句俗语"吃讲茶"，一般指矛盾双方约在某家茶楼或酒楼里商谈，化解矛盾，寻找合作点。洽记老板也有意顺水推舟，就兴冲冲坐黄包车赶到位于玄妙观后面的三万昌茶楼。

符佩森早已在茶楼恭候，见到洽记老板后，一步迎上去说："我是来向洽记负荆请罪的，以往民丰多有得罪，还望老兄恕罪。"

一连三个"罪"字说得洽记炉主无话可说，只得赔着笑脸说："哪里哪里，我洽记也多有不当之处，还望海涵。"

两人客套一番后落座，碧螺春新茶在仇家间袅袅飘香，话是越说越多，气氛也越来越融洽。

符佩森坦言："我读《三国演义》读到曹子建的七步诗'其在釜下燃，豆在釜中泣。本自同根生，相煎何太急？'总是很感慨。想我们两家都是做锅子的，本意都想把苏锅做好，后来反而互相拆台，结果是两败俱伤。"

洽记老板深有同感："恶性竞争，令人不寒而栗！根子就是我们太多地打自己的小算盘，没能维护当初订立的联营原则。"

"合则双赢，分则两败，看来我们还得走联营的路。"

"我早有此意，私私联营，五根手指握成一个拳头，才能在市场上站稳脚跟。"

经过"吃讲茶"，双方矛盾解开了，重新回到谈判桌上。1952年11月，民丰和洽记合并生产经营。

尽管是联合经营，但还是面和心不和，民丰的产销业绩又一次下滑。

据民丰锅厂1952年劳资协商会议记录记载，1952年1月16日至18日连续三天，召开了三次劳资协商会议，执行主席依次是朱麟忠、黄柱天、赵林根。会议主要内容有：成立劳资协商会议组织，确定双方人员名额；讨论、研究生产工作；商定工人工资暂打九折（工资打九折，足见企业已经出现资金困难）；恢复福利；等等。

第九次、第十次劳资协商会议由赵林根主持，讨论业务清淡、周转困窘的问题，当时缺少资金总数为48 000多元（包括欠发工资在内），厂内存锅25 000套。会议提议第七炉停产。

在第十八次劳资协商会议上，主席朱麟忠、资方代表邹尚启相继发言称：流动资金大部分不是自己的，银行欠款从50 000元增加到78 000元；欠广德合作社炭款3万多元、物贸公司股款1万元、木业垫款5 000元；亏蚀2万多元。资方提出向职工借一个月工资作为流转应用的要求。劳方并不同意资方的要求，他们认为资方要加强团结，主动负起责任，共同克服困难。

另据苏州市档案馆馆藏档案记载，1953年4月11日举行的第十一次劳资协商会上形成这样一个决议：3月份尚欠工资8天，在4月15日发付；4月份工资，可根据本厂经济实况再协商定之。

1953年6月3日召开的第十三次劳资协商会也形成一个决议：停炉期间参加辅助工作的人员发一半工资。双方同意在农历四月二十九日下午6时停炉，停炉工资每月按17.5天计算。

上述资料都说明其时的民丰锅厂借款增加，周转困难，工资欠发，产品积压严重。

就这样不死不活拖了两三年，到了1956年，国家进行史无前例的生产资料所有制的社会主义改造，苏城大炉锅厂和白口小炉冶坊都以公私合营的模式归入苏州民丰锅厂，工厂正式更名为"公私合营民丰锅厂"（图11），许继发担任厂长，朱麟忠担任厂党总支书记。厂长室下辖计划科、生产科、供销科、财务科、总务科、劳动工资和人事保卫科。党总支下辖团总支、工会、宣传科、组织科。自此，传统苏锅才真正走上了计划生产、统一经营、规范管理的新路。

图11　公私合营后的民丰锅厂厂门

（图片来源：苏州市工商档案管理中心）

公私合营走新路

公私合营，作为生产资料所有制的社会主义改造的一种形式，不仅使经济结构发生了根本性变化，而且极大地调动了工人的积极性。在厂部黑板报上写的"工人当家做主人"不再是贴在墙上、喊在嘴上的口号，而是落实到了参与工厂管理的具体行动上，被工人形容为"脱了旧鞋穿新鞋，穿上新鞋走新路"。

炉前工黄师傅回忆了民丰锅厂由"私私联营"进入公私合营后的"三大变化"：

第一个变化是，工人开始真正做"人"了，感触最深的变化当属锅厂合营后增加了降温设备。炉内气温达到1 000多摄氏度，而工人就在1米之外的地方干活，身体周围空气温度在45摄氏度以上。过去没有降温设施，没有休息时间，工人常年在高温下炙烤，很多工友的手都变形糙裂了。公私合营后，车间里添置了一个隔热壁，还在工人身后增加了风扇来降温。这样做，既改善了生产条件，又保障了工人健康。

第二个变化是，工人从睡炉前草包或工棚到住进了分配的职工宿舍，从披星戴月苦干到一天工作8小时。不少小冶坊的工人给资本家干活的时候，每人睡一个草包，没有被褥，和衣而睡。吃饭分为三等：一等是细粮，资本家吃；二等是粗细粮搭配，管理人员吃；三等是粗粮，工人吃。公私合营后，工人和管理人员在一个大食堂里吃饭，不再分粗细粮。工人工资也涨了，还有超产奖、全勤奖等福利津贴。

第三个变化是，工人当家作主，劳动热情高涨，知道手里的活不是为资本家干的，而是为自己干的，干起活来特别卖力。不少人下了班还主动留下来做"义工"，帮着清理炉渣、铁屑。有个老工人每天下班后主动留下来拣拾倾倒铁水时飞溅出去的铁屑，每天能拣半筐，半年下来居然拣回2吨多铁屑，重新回炉炼铁。厂里要给他补贴，他一分钱不要，笑笑说："我是民丰的人，民丰就好比是我的家，给家里做点事要啥钱呢。"

公私合营后的1958年1月13日，民丰锅厂召开了首届职工代表大会（图12），这是民丰建厂以来的一件大事，它标志着生产关系发生了根本变化，工人成为工厂的主人，锅厂成为国家的企业、人民的工厂了。会上，形成了八项决议：

图12 职工代表在热烈讨论

（图片来源：苏州市工商档案管理中心）

1. 保证完成行政根据浇锅、浇犁两个车间的特点所提出的生产规划和各项技术经济指标。为完成1958年872 800元总产值而奋斗。

2. 采购符合质量标准的原燃物料，大力打开销路，争取产、供、销达到平衡。

3. 提高产品质量，节约一切原燃物料和低值易耗品，反对一切浪费，努力降低成本。

4. 挖掘企业潜力，加强劳动纪律教育。一切服从生产需要，严格执行劳动组织调配，不使人力浪费，控制临时工使用，提高劳动生产率。

5. 在互相学习、互相帮助、取长补短、共同提高的原则下，贯彻"又多、又快、又好、又省、又安全"的方针，深入开展社会主义竞赛。

6. 贯彻"勤俭建国、勤俭办企业、勤俭办一切事业"的方针，建立和健全生产上、管理上各项必要的制度，如定期召开生产会议，组织技术交流，加强保健工作，合理使用房屋等，从而提高企业经营管理水平。

7. 科室、外场等各部门密切配合，互相支援，以革命精神保证整改、生产两大胜利。

8. 开展以除四害为中心的爱国卫生运动，保证两年内建设成"四无"工厂。集废积肥，大力支援农业，为提前实现全国农业发展纲要四十条而奋斗。

（摘自《苏州民丰锅厂厂志》，有改动）

后经历届职代会讨论修改，制订了《民丰锅厂职工代表大会暂行条例实施细则》，分为"总则""职权""职工代表""组织制度""职工代表大会的筹备工作""职工代表大会的日常工作""车间职工大会""代表意见及处理""监督干部""附则"等十章，共计三十条。其中有些条文，至今读来还不乏启示作用：

第六条 职工代表大会根据国家的政策、法令和计划要求，行使下列职权：

一、对厂长的生产、行政工作报告有审议权。

二、对厂的长远规划、生产计划指标、重大技术改造措施、重大设备购置、重大建筑有审议权和监督权。

三、对厂重要组织机构设置、工资调整方案、职工住房分配方案有审批权；对仅属本厂全厂性的重大规章制度有审批权。

四、参与对企业基金（包括奖金、更新改造资金、福利基金等）的使用分配并有检查监督权。

五、对各级行政干部的监督权，任命或使用的建议权；对严重失职和违法乱纪的，有权建议上级机关批准予以处分或罢免。

六、报送局、市劳动模范，先进集体和先进个人的上报名单审查决定权；开除职工的批准权。

七、涉及全厂性职工群众切身利益的其他重大问题的决定权。

第九条　职工代表大会的代表

一、以班组、科室（部门）为单位，由职工直接选举产生。凡是本单位享有公民权的正式职工，能够履行职工代表的权利和义务者，均可当选为代表。代表名额占全厂职工总数的10%～12%。

二、职工代表不脱产，每两年改选一次，连选连任。……
…………

第十八条　厂工会委员会承担职工代表大会工作机构的任务，负责日常的组织工作和事务工作，工作机构不代行职工代表大会的职权。

日常工作的内容和任务：

一、整理群众意见，交厂行政会同有关部门妥善处理。

二、组织召开车间职工代表大会，传达大会决议（由各车间工会负责）。

三、办理职工代表大会或主席团交办的事项。

四、协助各专门工作小组开展工作和处理大会交办的任务。

第二十三条　处理职工代表意见的几项原则

一、要保护和支持群众行使民主权利，对提意见的人做到四不：不抓辫子、不打棍子、不戴帽子、不装袋子。任何人采取歧视、刁难的态度，应当受到批评。如果严重侵犯他人民主权利，甚至打击报复和陷害的，应当受到查究或处分。

二、对坚持真理的正确意见，应当加以支持和保护；对不完全正确的意见，除对不正确的部分予以解释说明外，对正确的部分应当予以肯定；对错误的，要查明事实，澄清是非；对诬告的，应根据情节轻重，严肃处理。

三、职工代表的意见，条条有答复，事事有交待。

第二十七条　监督全厂各级领导干部是职工代表大会的基本职权。对干部的监督性意见，是群众意见中的一个重要部分。职工代表有权根据群众意见，对全厂各级领导干部进行表扬和批评，提出奖惩的建议。

第二十九条　对行政干部批评意见的处理
一、一般性的批评意见，可去掉批评人的姓名，抄入群众意见书转交被批评人，由被批评人做出说明或检讨。
二、对厂长或某一领导部门（科室、车间）执行决议和处理重大工作，感到不清楚、不满意，或者对涉及范围广、群众意见大的，可由职代小组或各专门工作小组集体提出质询。……有关部门的答询应提出改进措施，限期解决。对于限于条件一时不能解决的问题应向代表解释清楚。质询会由大会主席团执行主席主持，重大质询情况应向职工代表大会汇报。

（摘自《苏州民丰锅厂厂志》，有改动）

"工人当了家，干劲成倍增。上下齐心干，生产大跃进。"这是当年写在厂黑板报上的顺口溜，易说易懂，表达了民丰人的劳动热情。1958年，在苏州市委吴仲村同志蹲点民丰锅厂种"试验田"的鼓舞下，全厂工人日夜奋战，以最快速度炼出了第一炉生铁，打开了"民丰式"鼓形泥炉土法炼铁的新局面。随后，为了更好地支援农业，民丰锅厂还与第一碾米厂合办了一家万年化工厂，生产土化肥（后因经营欠善倒闭）。他们还与吴江同里和盛泽、昆山巴城、市郊胥江等乡合作，定点生产排水管、特大型化肥锅、脱粒机铸件等，直接服务于农业生产。

1959年，为满足城乡居民的需求，民丰锅厂全面恢复铁锅生产。

从1952年到1982年的30年间，民丰锅厂的厂基面积扩大到

47 065平方米，厂房面积扩大到22 717平方米（包括新增职工住宅），生产设备也大幅增加，包括半机械化的铁锅压铸机50台、半连续式铸铁管拉管机4台、载重汽车4辆、天平炉2座、金属切削机床19台、砂轮抛光机19台，动力机械总能力1.254千瓦。从木炭到油焦、白煤、焦屑球、焦炭等燃料，连攻"五关"；从"皮铁"到旧生铁、旧熟铁、生铁屑、边角料、刨花铁、废铁屑，连斩"六将"；从千百年沿用的泥化铁炉到冷风冲天炉、热风冲天炉、顶帽密筋热风红旗炉；从千百年来"两块烂泥夹一块铁"作坊式生产过渡到莱阳式、敞口模操作、撬撬杠操作、大小流水线操作、压铸操作。30年来，民丰锅厂生产铁锅2 424.58万只、汤罐201.23万只、铸铁管（图13）5.99万吨、其他铁丸和马铁铸件5万多吨，完成国家税收1 369.33万元，相当于"私私联营"的全部资产10.8万元的近127倍。

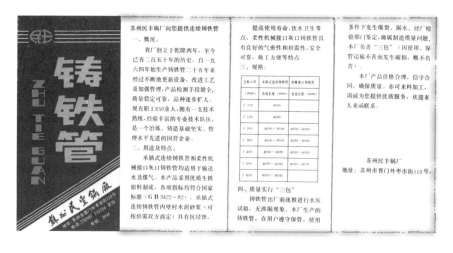

图13　苏州民丰锅厂"铸铁管"宣传折页

（图片来源：苏州市工商档案管理中心）

铸锅先铸"心"

"铸锅先铸'心'"，这一说法最初源自1987年民丰锅厂的一次质量检验会，厂质量科、各车间质检员、成品仓库老师傅等都参加了会议。这次临时召开的紧急会议源自徐某写给厂长的一封信。

厂长同志：

　　我是用户，向您反映一下贵厂的质量问题。

　　我在十月一日买回你厂生产的一只铁锅，总共烧了13天，第14天早上洗锅，竟然水漏满地，万万没想到一只新锅变成一只破锅（一个洞眼）。你厂能生产出这样的劣质产品，真是叫人吃惊！

本市十全街×××号徐
十月十七日

　　在处理单"拟办意见"一栏，厂长批示："请质量科认真核查办理。铸锅先铸心，没有高度的责任心是不行的。"

　　在"处理情况"一栏，质量科提出了处理意见："经查，属锅底有砂眼，即予以更换。"

　　在"备注"中，书记则批示："往后要杜绝此类情况发生，严把质量关。

　　那次会议开了一下午连一个晚上，议题就是如何确保铁锅质量。质量科提出，质检员要落实到车间、工段，现场解决问题；车间、工段则落实了紧盯质量的奖惩措施。

　　民丰锅厂对产品质量问题一直严抓严管。早在1956年，厂支部就专门制定了《一定要消灭次品》的文件。文件首先回顾了厂里存在的问题："我厂有6只熔炉同时进行生产（三班制），除了每只炉子使用一只马达鼓风机外，项管、模型甚至炉子都是用黄泥做成的，加上企业管理水平较差，出现次品的情况非常严重。"造成次品的问题有灰眼、搪尿眼、青斑眼、细砂眼等，如果对这些细小问题不进行及时修补，让锅子带病出厂，将会严重影响到锅子质量。

　　文件接着深挖了产生次品的思想和技术根源：一是技术力量薄弱，没有统一的操作规程。工人完全按照个人习惯和经验进行操作，如加铁、加炭只凭各人手里估约斤两，认为差不多就行了。工人在操作中随便跑来跑去，仅凭眼看、手摸来掌握生产。企业缺乏对次品的原始记录和产品检验制度，找不出每道工序中存在的问题。二是企业管理跟不上形势的发展。有些制度在执行过程中不够严格，流于形式。如对各类锅子分量的要求，超出或低于标准分量在一两范围，就都会放其过关，不少人甚至认为重一点或轻一点无所谓，没有严格的标准。三是重产量、不重质量的思想在作怪。车间领导认为只要产量上去了，质量差一点没关系。四是躺在苏锅的品牌效应上吃老本，认为苏锅远近闻名，销路没有问题，即使有一两个砂眼也无关大局。

问题查找出来后，厂里上上下下带着问题大讨论：怎么消灭铁锅次品？

大讨论的结果也写进了文件，归纳为"领导决心和发动群众"两个着眼点，落实领导督促、制度监管、技术更新、质检把关、奖惩结合等措施，层层强化责任制，做到人盯锅、锅跟人，确保出厂的每一只锅子都是合格品。

从公私合营的1956年起，厂里就建立了逐级质量检查体系，每个车间都配备质量检验员，铁锅车间、白口车间和机修车间各有4名，水管车间和客服部门各有2名。产品出厂前，还要通过厂质量科对铁锅直径、深度、容量、外观的抽检；出厂时由订货部门验收合格后才予以放行。前文徐姓顾客来信反映的问题虽是极个别问题，但它又给民丰锅厂全体人员上了一堂深刻的质量课。此后，民丰锅厂更是严把质量关，即使是极个别"带病"的铁锅也不能走出厂门，为苏锅的品牌效应夯实了基础。

铸造铁锅的工艺流程中特别讲究的是其中六道工序：

（1）模具生产，也就是做出该铁锅的木质或者金属模样（这个零件不需要芯盒，实模可以直接造型，模具成本低）。

（2）用做好的模具进行造型（手把处设计活块），采用顶注方式，锅底朝上，留有浇口。

（3）浇注采用定量包或定量浇注，在砂型上设计浇注的极限，就是说浇到锅底成型就不再浇注，浇注温度控制在1 380摄氏度至1 400摄氏度。

（4）潮膜砂造型。硅砂、煤粉、水、黏土按100∶5∶4∶8的配比配制。也可以是树脂砂造型。

（5）清理铁锅表面，抛光，磨锅底。

（6）开型，取出铁锅，气缸带动活塞杆，使上型向上。

苏锅之所以享誉江南，与其熔炼制造精细密不可分。在选择原燃料和搭配方面，民丰锅厂一点都不马虎。拣铁工精挑细拣，哪怕在旧锅铁中发现有一小块旧汤罐铁，都要把它拣出来，以确保铁质纯净。木炭则按乌炭七成、白炭三成的比例搭配入炉。

从大师傅看车到焦光、上落间添糠灰等各道工序，上下手都密切配合，以提高模型质量。浇铸轻薄的铁锅则由大师傅车样，领档工负责技术把关，做到见砂眼就"拍"（当作废品处理）。

冶坊有句俗话，"二块烂泥夹块铁"。在相当长的时期内，泥熔炉和泥模生产是制锅的主要方法。生产铁锅的工具熔铁炉（图14）和模型都是泥做的。泥场工人把晒干的黄泥敲细，放到池内，加入稻柴和水，用脚踩踏使之有韧性，谓之"做熟黄泥"。

炉前工用木车样把熟黄泥逐步车成炉统子，然后用绳柱敲紧实，等到炉统子大半干时就将其上下倒过来，把倒上来的一头做好，晒干备用。

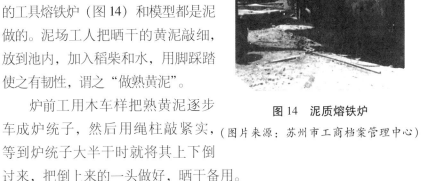

图14　泥质熔铁炉

（图片来源：苏州市工商档案管理中心）

"笃（吴方言，'抹和拍打'的意思）羊角"是拍打炉统子下面的煞头，"羊角"笃好后也要用绳柱敲紧实，也是晒干备用。

接下来就是"笃炉底""拍项管""做乌槽"，待泥模做成后，就开炉炼铁，一般要烧上三天三夜。手拉风箱通过"项管"朝熔炉内送风，待到熔炉里的铁化成铁水，炉工用"看水瓢"取出一点铁水，一面吹，一面看，这叫"吹花看铁水"。铁水花一爆，就能从铁水花中看出铁水的"青"和"老"。如果铁水"青"，冶炼的时间要放长些，或增加燃料或减少原料铁；如果铁水"老"，就减少燃料或增加原料铁。

炉工用浇铸工具"瓢"伸到炉中将铁水舀出来后，就将其倾入锅模内，待锅模冷却后，再用墨煤化成的水刷在锅模上，用麻帚扫去尘粒，再将两片锅模合起来。

最后的工序就是成型了，包括"敲铁"（敲清飞边和脐刺）、"锔子"（找砂眼）、"杀斑""斗缝""盖甲印"，之后将产品入库。

经过多道工序、层层把关，一只质量上乘的苏锅才能风风光光地走出冶坊。

公私合营后的头几年，狠抓铁锅质量已然成为民丰锅厂上上下下的实际行动。质量问题，几乎逢会必讲。有一次出黑板报，甚至把报社转来的反映铁锅质量差的读者来信抄录出来，引以为戒。质量科有一个人称"铁面师傅"的，抓质量简直六亲不认。一次，他在成品仓库里发现一只12寸的铁锅锅沿处有一个细小的砂眼，立刻就把保管员找来狠狠骂了一顿，而这个保管员恰恰与他沾点叔侄亲。"铁面师傅"面孔一黑，啥人的情也不领，硬要人记下来扣月奖，因为让不合格的产品混入仓库，保管员也负有责任。旁人求情也没用，"铁面师傅"还是绝不松口："有一只次品锅流入市场，对民丰厂就是一次脸上抹黑。"

图15 苏锅牌商标

（图片来源：苏州市工商档案管理中心）

如同陆稿荐的酱鸭、黄天源的糕团、采芝斋的糖果一样，"苏锅"（图15）也是一个响当当的品牌。这个品牌不是单个品种，而是苏城历代冶坊多年苦心经营、合力打造的铁锅总品牌。一个品牌的形成及其所积攒的口碑，不是靠包装出来的，也不是靠钦定的，而是依靠它过硬的质量。

据说1935年的仲春，新振源冶坊为证明自己的苏锅质量，在玄妙观前的空地上搭出3米高的高台，高台下铺设花岗石条石，从高台上把10只大小不一的铁锅垂直扔下来，看看铁锅会怎么样。用现在的话说，就是"破坏性试验"。这下引来了上千名观众，里三层外三层围住了高台。一声令下，试验者将铁锅一只一只往下扔，然后请几位观众上前辨看，结果除了两只铁锅摔出一条裂缝外，其他锅子完好无损，甚至连个瘪塘都没有。观众齐声喝彩，把苏锅的名声带向四面八方。

"铁质纯净，不爆不炸；轻薄均匀，节省燃料；不易腐蚀，经久耐用；光滑白亮，式样美观"，是消费者对苏锅的一贯赞誉。顾客在购买苏锅时，往往会用手扳着铁锅的口边，轻轻敲击，因其锅身轻薄，所以铁锅震动后会"嗡嗡"作响。因此，也有人把苏锅称为"响锅"。

民丰厂对生产的铁锅（图16）形成了一套严格的质量标准：

（1）铁质：锅身铁质正常，表面色泽白亮，色光一致，无青斑和明显花纹。

（2）均匀度：锅身厚薄均匀，不偏不侧。除锅边和锅底部分外，锅身其他部分最厚和最薄处的厚度相差不得超过0.6毫米，相同部位的厚度相差不得超过0.3毫米。10张以下的锅最薄处的厚度不得低于1毫米。

（3）砂眼：基本消灭锅身上的砂眼，若出现砂眼，应在

图16　民丰锅厂生产的铁锅
（图片来源：苏州市工商档案管理中心）

允许界限内，即连锅、广锅的中部和耳锅的中、下部不允许出现砂眼。上、中、下部的划分为从锅边到锅脐以100等分计，其中上部是锅边以下30%的部分，下部是锅脐以上30%的部分，中部是上、下部之间40%的部分。锅子全身允许有2个砂眼，但必须符合一定的条件，即广锅、连锅只能在上部或下部出现砂眼，耳锅只能在上部出现砂眼；2个砂眼之间不得少于5厘米；每个砂眼直径不超过3毫米；砂眼必须经过铁片或铜铅合金修补，填满补平，确保不漏。

（4）鸡毛缝（俗称"刹斑"）：锅子上部允许有2条，每条不超过2厘米，并要修补齐整。

（5）锅边：锅口圆，无缺口、胀口（裂边），锅边无参差现象。

（6）锅脐：锅脐平圆，不偏不穿，不凹不凸，大小符合规定，即10张以下的锅脐直径不超过4.5厘米，12张到24张的不超过5厘米。

（7）光滑度：锅身内外光滑，无疙瘩、麻粒、高低不平。

（8）耳朵：耳锅的两只耳朵应在锅口的直径线上，互相对称，不能偏侧；圆耳环的直径应不低于 7 毫米，扁耳环的中心厚度应不低于 4 毫米；耳朵应大小对称，粗细均匀，表面不粗糙、不刺手。

有下列情况之一者，即判为二等品或次品：

（1）重量：耳锅及 3.5 张以下的连锅、广锅每只超过最高重量 0.15 公斤；4 张到 6.5 张的连锅、广锅每只超过最高重量 0.25 公斤；7 张到 10 张的连锅、广锅每只超过最高重量 0.35 公斤。

（2）外观：铁质正常，锅身略有青斑或明显花纹；锅身厚薄不够均匀，略有偏侧，相同部位的最厚和最薄处的厚度相差在 0.5 毫米以内；锅脐不够光滑，略有疙瘩，但不影响使用；锅边不够整齐，略有参差，但无缺口和裂缝；耳锅的耳朵制作粗糙。

质量检验方法也特别细致，锅的直径、深度用直尺量；容量检测则在锅内放满清水，然后倒出来过秤，按 1 公斤相当于 1 公升的比例折成公升。锅的整体重量采用 10 只一个批次，称出总重量，按总重量的标准来衡量，如超过或低于标准总重量 5% 就要一只只复检。最后，在每只合格的苏锅上盖上红色的厂名、张数、检验合格及质量等级印章。

据 1965 年和 1982 年两次全省铁锅质量互查评比结果，民丰锅厂生产的铁锅均获第一名，成品率分别为 94.55% 和 95%。

苏锅的口碑是以质量换来的，苏锅之所以能远销到甘肃、四川、贵州、广东各地，全凭着响当当的质量。民丰锅厂有一位姓周的老师傅说，1959 年的上半年，民丰锅厂的铁锅卖疯了，很多人连夜到门市部来排队买铁锅。他记得有一位无锡阿嫂特地从惠山脚下坐火车到苏州来，阿嫂指名要买民丰的铁锅，一买就是 4 只，用扁担挑着走的。

还有一位李师傅也说起了"2 只优质铁锅换 1 只次品锅"的故事。那是 1963 年 4 月的一天，有顾客拎了一只锅到厂里来，反映她买的铁锅锅底处有一条细长的裂缝。乍一看，看不见，过了油就看见这条细缝有一根食指长。民丰人把这只锅子留在了生产科。时任民丰锅厂党总支书记的朱麟忠从外面开会归来后得知此事，就说："我要去给这个顾客道歉，她背来的锅子给我们上了一堂质量课。"第二天，老朱背上两只优质的锅子去了这位顾客家，一是向她赔礼道歉，二是给予赔偿。那只有裂缝的锅子，则被留在厂里做反面教材。在全厂职工大会上，老朱把那只次品锅放在讲台上，整整讲了一个钟头的"质量问题"。事后，质量科的同志都说，那只次品锅子，是从他们的眼皮底下溜出去的，说明他们质量把关不严。它就像足球场上亮出的黄牌，有好一阵让他们都抬不起头来。

工会趁热打铁连出两期黑板报，主题是"今天的质量，明天的口碑"。

高涨的劳动热情

技术员李吉人，江阴人，15岁就到上海许志大冶坊学艺，先后在上海震记冶坊、无锡曹三房冶坊、上海兴昌冶坊、苏州新祥泰冶坊、民益冶坊当过工人。1956年，李师傅在公私合营中随民益冶坊合并进入民丰锅厂工作，曾担任多年白口车间主任，1960年被轻工局任命为工人技术员。

李师傅是一个铸造技术上的多面手，半个世纪的花色炉生产实践使他的技艺几乎达到炉火纯青的地步。在白口车间的各生产岗位上，只要遇到难题，人们都会想到李师傅，也只要喊一声"李师傅，帮帮忙啊"，他立马就会赶到，蹲下身子这儿看看，那儿摸摸，不一会儿就把问题解决了。他还多次为白口车间改造熔炉、改进各种模型。在铁砂改造中，他解决了以水枪替代南瓜、萝卜等承激物的问题，制成螺旋状筛砂、抛砂系统。在浴锅起模上，他成功地运用杠杆起模法，把工人从弯腰曲背的强劳动中解放出来，大大提高了生产效率。工人们都说："李师傅是我们民丰的土专家！"

1979年3月，年已63岁的李师傅退休了。常州、宜兴等地的铸件厂闻讯后，纷纷抛来橄榄枝，以高薪聘请李师傅去他们厂做技术指导。外厂的好意被李师傅婉言谢绝了，他依旧留在民丰锅厂里，每天一身泥巴一脸灰地忙碌着。从1981年起，民丰锅厂除生产铁锅外，开始为寺院、道观铸造钟、鼎、磬、香炉、云板、蜡扦等法器，先后为玄妙观、大明寺、兴福寺、广教寺、小普渡寺等铸造了众多法器。（图17—图22）为铸造这些吨位重、结构复杂、花纹图案精细的庞然大物，李师傅不知度过了多少个不眠之夜，在灯下反复揣摩图样，思考设计。就拿玄妙观三清殿前的宝鼎铸造来说，他跑了西园、文物商店等地去看实样，去博物馆、图书馆查阅资料，一次次设计、修改、再设计，与工人们一起在铸造现场忙碌了3个多月，终于铸造出高5.4米、宽2米、重约4

图17　宝鼎在冶铸中

（图片来源：苏州市工商档案管理中心）

吨的宝鼎。鼎身铸有栩栩如生的双龙戏珠纹饰，鼎上架起3层曲栏亭子，极具江南园林特征，檐顶龙头口衔风铃，跃跃欲飞（图23）。鼎身上大小100余字，都是李师傅眯着一只眼（他的另一只眼是被炉中飞溅的铁屑烫坏的），一笔一笔反刻出来的。这对于识字不多、古文基础较差的李师傅来说难度实在不小。比如一个"贝"字，因古代使用过贝币，泛指钱，在金文中"贝"字的写法与今天的写法是迥然有异的。李师傅为这个"贝"字先后走访过三位文史专家，确证后才模刻。功夫不负有心人，当李师傅看到自己和工友们浇铸的整座宝鼎既雄伟敦实又玲珑秀丽，博得众人交口称赞时，他躲在一边，点了支烟，眼睛一眯，笑了。

图18　民丰锅厂为扬州
　　　大明寺铸造的宝鼎

（图片来源：苏州市工商档案管理中心）

图19　民丰锅厂为南通
　　　广教寺铸造的宝鼎

（图片来源：苏州市工商档案管理中心）

图20 民丰锅厂为苏州西园寺铸造的香炉

（图片来源：苏州市工商档案管理中心）

图21 民丰锅厂为上海龙华寺铸造的大钵

（图片来源：苏州市工商档案管理中心）

图22 民丰锅厂为安庆迎江禅寺铸造的大钟　图23 民丰锅厂为苏州玄妙观铸造的宝鼎

（图片来源：苏州市工商档案管理中心）　　（图片来源：苏州市工商档案管理中心）

被人称为"拼命三郎"的林寿金是 1958 年苏州市劳动模范。别看他个子不高，长得也瘦，但一到炉前就有一股虎劲。有一年夏天，为完成上级下达的赶制一批大张锅具的任务，林师傅愣是连续奋战三天三夜不下岗。到了第三天傍晚，他实在困得受不住了，一头栽倒在车间里。工友们以为他中暑了，急忙扶他进休息室，叫来厂医，要给他测体温，谁知道他趴在桌子上呼呼大睡了，怎么摇他也不醒。等他一觉醒来，工友们都劝他回家休息，他呵呵一笑说："我已经睡上一觉了，勿要紧哉，抓紧做吧。"

1954 年的春夏之交，江南梅雨期长达 62 天，太湖流域连续普降大雨，当季雨量是常年平均雨量的 6 倍。胥江河水猛涨，驳岸淹了，码头淹了，地势低洼处一片汪洋，枣市街上的积水深达 1.4 米。民丰锅厂整个泡在水里，锅炉只露出半个身子，就像一艘沉没的木船上的桅杆。最令厂里人着急的就是成品库里堆放的大小铁锅，过水后就会生锈。厂里号召工人紧急抢险，用船把铁锅运到高处去堆放。林师傅熟悉水性，又是搬运锅具，又是撑船，雨水、汗水、泥水弄了一身，也顾不上擦一下。他说："看着洪水往仓库里涌，我的心痛啊！说啥也不能让国家财产受到一点损失！"

在后来的抗险救灾总结大会上，林师傅受到了厂领导的表彰，得到了一只搪瓷杯、一条毛巾的奖励。那只搪瓷杯他一直用到退休，他说每次端起来喝水，就有一种自豪感。

还有一个人称"小闹钟"的仓库保管员，从"小闹钟"做到"老闹钟"，在民丰锅厂一做就是 30 年。考勤本上他年年都是全勤，从来没有一天缺工，更没有过迟到早退的记录，所以人们赞他是"小闹钟"。即使在"文革"时期，他也还是天天来到厂里守仓库，用他的话说："民丰锅厂是我的家，我是这个家的主人，我能不尽心守住这个家吗？"

有一次，"小闹钟"病了，高烧 40 摄氏度，坐在医务室里挂盐水。这时，正好赶上仓库要发货，"小闹钟"叫厂医帮他拔下针头，说："还欠半瓶药水，等我发完货再来挂。"说罢，一步一摇地去仓库了。

当工人真正成为工厂的主人，他们高涨的劳动热情是无法估量的（图 24）。从 20 世纪 50 年代过来的老工人都深有体会。回忆起那个激情燃烧的年代，他们都说那个时候满脑子想的就是多干、实干、巧干，加快建设社会主义，大踏步地奔向共产主义——那是那一代人的金色理想。

图 24　高涨的劳动热情

（图片来源：苏州市工商档案管理中心）

"走进厂里就觉得浑身是劲，就想着我要多做一点。"年逾古稀的制模工金师傅回忆当年的情景，忍不住说，"那年头，真的谁都不会想着偷懒，过了下班的钟点不下班、不做完手里的活不下班的情况随处可见。那年头，啥人要说给多少钱干多少活，那会被大家骂死。"

制模组的领班金师傅说起了一件事。那是 1956 年的最后一天，场地上还有 5 套锅模需要赶制出来，这时早已过了下班的钟点，金师傅有些为难地对周围的制模工说："这批货是发往上海川沙、青浦的，人家等着要货，怎么办？"工人们异口同声地说："我们留下来做，连夜把它赶制出来。"金师傅感动地说："我替厂里谢谢大家。"工人们说："谢什么呀，厂子也是我们大家的。"

那一夜，制模场地上灯火通明，工人们一直干到东方泛出鱼肚白，终于把 5 套锅模做出来交给下道工序，他们这才舒心地回家去休息。这时，远远传来了新年的鞭炮声。

激情与悲怆变奏曲

还是回到1958年"大炼钢铁"的火红年代吧。

激情洋溢的民丰锅厂忽然更名为"民丰钢铁厂",似乎一夜之间就挤进了"钢铁元帅"的大帐里。厂里上上下下热情高涨,仅用三天时间,花了520元钱,就建成了0.3立方米和0.18立方米的两只土高炉。同年7月起,民丰钢铁厂就在两只土高炉里进行土法熔炼。与此同时,厂领导热情高涨,四面出击,与苏州第一碾米厂合办了万年化工厂,生产土化肥支援人民公社,不过化工厂仅办了一年就关门歇业了。

1958年,新中国迈进第九个年头,第一个五年计划刚刚完成不久,全国上下对改变我国经济文化落后状况的愿望十分强烈,建设社会主义热情如火。中共八大二次会议后,"大跃进"运动全面展开,就像一个着急赶路的人,没来得及细想路径与方向,为了"赶英超美"(图25),把炼钢这一专业技术工作变成了夜以继日的、轰轰烈烈的全民运动。

图25 群众在作"赶超英国"的壁画

(图片来源:苏州市方志馆)

葛师傅，一个普通的翻砂工，那年他看着一座座小高炉从胥门到盘门的城墙脚下垒起，炉火映红半边天，想想就很激动。他的邻居拿着家里的锅碗瓢盆，送进小高炉，"炼"出一块块像铁饼似的东西。"十五年赶上英国，三十年超过美国"，这句口号是葛师傅对1958年最清晰的记忆之一。记得同样清楚的还有一个数字：1 070万吨钢。

苏州的学校、机关、企事业单位、街道等都利用空地建起了小高炉，各行各业都支援"钢帅升帐"。"大炼钢铁"成为群众生活的主题，大家茶余饭后都在说炼铁。

"猛干十天，建炉万只，苦干一月，出铁万吨"的通栏标题，豁然刊载在《新苏州报》头版上。把苏州建成日产钢铁"千吨市"，成为很多人的梦想。当时，全城续建土高炉502座，总容积达776.9立方米。

沿城墙脚下砌满了小高炉，上窄下宽，上面架一口坩埚，底下烧煤，看起来更像一只只大灶台。为了达到炼铁所需的温度，需要用风箱鼓风。炼铁的小高炉一旦点燃，就不能中途熄火。只要是有铁可炼的日子，人们就轮番上阵，小高炉边日夜不断人。等到铁熔化成铁水，然后冷却，成为铁饼似的一块，炼铁就算完成了。因为原料稀缺，人们捐出了家里的废旧铁锅、铁铲、柴刀、菜刀、锁头……没有旧的，有人就拿出了还在使用中的炒菜锅，甚至有人拆了铁墙门或者自家院子的铁栏杆，统统投进炼铁炉里。民丰厂有个王师傅，回到家里找铁器，实在找不到像样的铁块，就把房管所前年给他们的危房做支撑用的一根铁杆拆下来，送到城墙脚下，毫不心痛就投进熊熊燃烧的小高炉里。后来到了刮台风的季节，半堵山墙因为缺少支撑"哗啦"一下倒下来了。幸亏王师傅一家人不在家，否则就要出大事了。

农民在炼铁，学校在炼铁，机关在炼铁，各行各业都在炼铁。不是没有人怀疑过这样的做法。有人提出"没有专家，没有现代化设备，不可能炼钢"；有人认为钢铁应该重点建设，不能搞"小（小高炉）、土（土法炼铁、炼钢）、群（群众运动）"；还有人质疑："办钢铁工业与苏州老百姓有啥关系？"然而这样的声音毕竟太过弱小，而且马上就遭到了强有力的批驳。

全民参与的大炼钢铁运动大约持续了半年左右，随后小高炉就渐渐熄火，然后陆续被拆除了。据史料记载，1958年秋冬之间，毛泽东通过调查研究开始觉察到"大跃进"运动中出了不少问题。从11月起，中央开始着手纠正错误。"大跃进"原本出于良好的愿望，但由于决策本身的失误和执行中的偏差，不仅没有达到预期目的，反而遭受到重大的挫折。

做铁锅的既然要改炼钢铁了，比起"小、土、群"来总是有些优势，至少炉子是现成的，操作炉子的也都是熟练工。在那些激动人心的日子里，葛师傅与其他工人一样，放下了翻砂的模子，没日没夜地跟高炉摽上了，炉火越烧越旺。

这是激情燃烧的岁月。葛师傅创下了连续五天不回家的记录。累了，就裹件棉袄在炉前躺一会儿；渴了，就喝几口凉水。他的两只眼睛熬得通红，浑身上下被高温灼得干裂似的疼。他一心想着的就是多炼出些钢铁来，有了钢铁，我们就不怕帝国主义了。然而，人终究不是钢铁，到第六天的凌晨，葛师傅因为高热脱水，一头栽倒在炼出的铁块旁。众人急忙把葛师傅抬到阴凉处，用浸湿的凉毛巾给他擦洗身子，又喂他"十滴水"和人丹，然后把尚在昏迷中的他抬进枣市街门诊所。葛师傅醒过来的第一句话是："那一炉铁可能快炼成了，我不能躺在这里啊！"《新苏州报》记者得知这一感人事迹后，当即赶到门诊所采访葛师傅，没想到却扑了个空，葛师傅已经一瘸一拐地返回厂里去了。记者追到厂里，连连夸赞葛师傅了不起，回去后写了篇报道，题目就叫《钢铁是这样炼成的——葛师傅告诉我们了》。

1999年，已是76岁高龄的葛师傅想起那段如火如荼的日子，还是满面红光、激动不已。也有遗憾，葛师傅竭力回忆着："民丰厂超额完成了市里下达的指标，一船一船把'铁饼''铁疙瘩'运到苏州钢铁厂去，谁知人家根本看不上眼，说运来的全是废铁，炼不了钢的，就堆放在角落里。"据测算，土高炉出铁每吨估价1 500元，收购价140元，实际每出一吨铁就亏损1 360元。

"大炼钢铁"之后，市场上铁锅忽然紧缺起来，因为家里的铁锅大多投进了小高炉里。于是，轻工局让民丰厂紧急转行，恢复铁锅生产，而且要加班加点生产铁锅，以满足市场需求。

这真是有点黑色幽默了。民丰锅厂在各行各业普遍吃亏的时候，拣了一个大便宜：铁锅产销两旺！

葛师傅说那一年里，他连病假带礼拜天，一共没歇到半个月。领导说了，市场上铁锅脱销了好长时间，生产铁锅的工人压力大啊。压力就是动力，那时有一句话是"为革命出力流汗拼命干"，每个人都恨不能生出三头六臂来。

葛师傅说："恢复铁锅生产的那一年里，我拿的加班奖是最多的，有一个月的加班奖居然比工资还高。那一年，我们拼命做，辛苦是辛苦，可是到领工资那天，数数一叠'大团结'（拾圆币），心里快活啊！幸亏1959年赚了点钞票，到1960年遇上自然灾害了，吃不饱肚子，瘦得裤腰都往下掉，我还能有积蓄去买点黑市米。我老家是江阴乡下，村里就有老人活活饿死的。"

激情与悲怆似乎是在一瞬间转换的，留下的就是"饥饿"二字。

"我好饿……"像病毒一样蔓延开来。

顶住压力渡难关

快炉前的风档工张师傅是个"闷葫芦"，话不多，做事倒是稳重、踏实。看着两个徒弟因为饥饿，面色变得蜡黄，浑身像抽了筋似的没有力气，张师傅一连数日双眉紧皱，十分着急。他家三个孩子也正在长身体的时候，别说禽肉蛋了，就是多吃一碗饭也做不到。张师傅的老家在无锡乡下，那儿有生产队的养鸡场，自己的外甥就在养鸡场里养鸡。每年的黄梅天，因为湿热，容易爆发鸡瘟，春天孵出来的鸡有一小半过不了这个难关。小鸡长到这时总有半斤多重了。死鸡在过去都是就地挖个坑埋掉的，但在困难时期村民们都会去抢死鸡煮了吃。张师傅写信给外甥，让外甥无论如何给他留下一些死鸡，他拿麻袋来装。过了几天，外甥回信了，让张师傅赶紧去一趟。

那天一大早，天还没亮透，张师傅就搭车回老家去了。走进养鸡场时，社员们刚好出工。外甥搜罗了二三十只死鸡，鸡毛都褪光了，内脏也挖出来埋掉了，一只只洗得干干净净，用细麻绳拴住吊在竹竿上，极具诱惑力。张师傅非常开心，连连道谢："好外甥，你真是救了我们一家人的命了。"他顾不上吃午饭，把鸡装在麻袋里，鼓鼓囊囊一麻袋扛在肩上，看看四周无人，赶紧溜出了养鸡场。等他赶到长途汽车站时，一看傻眼了，有两个公社民兵正在车站上挨个察看旅客行李。那一阵上上下下都在抓"投机倒把"分子。他想把麻袋扔在路边草丛里，可是来不及了，那两个人快步跑过来，厉声喝道："走，跟我们去公社，你盗窃生产队的财物，这还了得！"

张师傅赶紧求饶："我的麻袋里装的全是死鸡，自己吃的。"

那两个人揪住张师傅不松手，幸亏生产队队长去公社开会路过。队长是张师傅的堂弟，看见张师傅的狼狈样，就笑着对那两个民兵说："那是经过我同意的，确实是养鸡场里处理的死鸡。"

那两个人这才松开手，还不忘扔下一句狠话："不准进城贩卖，否则你就是投机倒把分子！"

张师傅连连点头，等车子一到，赶紧挤上车去。回厂后，他把死鸡分给两个徒弟，自己留下了4只，回家后用盐腌起来，平时就割下一块煮汤喝。

那段时期，民丰锅厂工人定粮分为28斤（科室职员）、32斤（工人）两类，但因为油水不足，粮食根本不够吃，工人每天都觉得饥肠辘辘。86岁高龄的王师傅直到晚年还念念不忘那段苦熬的日子。他因中风身子半瘫，走路要借助移步器，脑子一会儿清醒一会儿糊涂，但那段日子还是记得很清楚。2010年王师傅在接受笔者采访时说，那时他拿的是铸锅二级工资（35.10元），老婆在街道生产组糊纸盒，一个月计件工资最多赚20多元，养三个孩子，日子过得十分艰难。王师傅拿出一个红皮日记本，上面密密麻麻记着1961年10月初苏州"黑市"（未开放的农贸集市）上副食品的最高价：粳米3元/斤，标准粉3元/斤，豆油5.5元/斤，鲫鱼6元/斤，虾6.5元/斤，猪肉5元/斤，牛肉4.2元/斤，母鸡6元/斤。王师傅说自己工薪微薄，哪里消受得起这样高的物价。于是，只能叫上邻居拖着板车去横塘乡下贩运一点南瓜来充饥。一次，从乡下好不容易弄来一只小母鸡，熬上一锅汤，三个饿得面黄肌瘦的孩子吃得那个开心，让当父母的看了都要落泪。

饥饿的日子煎熬着人们。1979年年底顶替母亲回城的农场知青金师傅回忆了他10岁时的事情：

很小的时候，我记得的一个字就是"饿"。

我们家住在城里花驳岸的老房子里，买菜要去黄鹂坊桥菜场。母亲在民丰厂上班，每天一早天不亮就要出门去，所以买菜的事就落在我的肩上。我那时正是长身体的时候，但因为物资紧缺，总是吃不饱，人长得很瘦。班里同学给我起了个绰号叫"排骨"，还是"小排骨"（说着，金师傅笑了）。

我记得那时的菜场里鱼肉禽蛋都是凭票供应的（图26）。有个老好婆因为丢掉了一张买蛋的备用券，急得坐在街沿石上大哭，那皱纹满布的脸和老泪纵横的样子，我至今也不能忘记。买大白菜不要票，但要排队，那队伍能从菜摊一直排到黄鹂坊桥桥堍，还不一定就能买到，一车货卖完了就完了（金师傅双手一摊，做了个无奈的手势）。

图26 旧时苏州市区居民购货证和各种票券

（图片来源：苏州市方志馆）

那年的冬至前夜，天好像特别冷，隔夜还飘了一点雪。邻居说，明早菜场里有卖雪花菜（鲜豆渣）。母亲皱起眉头，为难地说，明天她要加班，没空去买。我说我一早去菜场排队买。那天，我与母亲一同起床，匆匆抹了把脸，拎着破了一个洞的竹篮就跟着母亲出门了。

那时我才10岁。早晨的风像刀子一样刮在脸上，星星都像冻住了似的。不长的西百花巷里好像已经有了匆匆的脚步声。到巷口，母亲再三叮嘱我如果排队太长就回家，天太冷了，别冻坏了。我打了个寒战，点点头。母亲的厂子在胥门城外，要走很长的路。她走出没几步，又回过来，把自己围着的粗毛线围巾解下来给我围上，又叮嘱了一句："别冻着。"

现在想起来，我真不该围上母亲的围巾，她还要顶着寒风赶去上班啊（说到这里，金师傅眼睛湿润了）。那天的菜场里特别热闹，买雪花菜的队伍从菜摊一直排到菜场外面，还绕了三圈。队伍里有排着人的，有排着篮子、砖头的。有个好心的邻居奶奶看见我，招招手让我插在她前面，到天大亮时我就买上了两饭盒雪花菜。

那晚，母亲用葱花加一小勺猪油炒雪花菜，炒着炒着，眼泪就下来了。

我的父母是双职工。我们兄妹几个只得在厂里的食堂搭伙。学校上午的四节课罢，早已是饥肠辘辘，下课铃声一响，我就蹿出校门直奔食堂而去。只见食堂的长条桌上摆放着各种小菜：炒青菜、红烧萝卜、炒素、炒干丝等，还有划作一个个方块的米饭。至于荤菜，那是很少见到的，因为鸡鸭鱼肉都要凭票供应，一般人家都会很珍惜地留在自己家里食用，只有少数的单身汉把肉票交到食堂去，才能吃到一点点肉。

有一次，母亲从"黑市"上买回来一袋红薯，切成一条一条，晒干了，让爆米花的人一爆，那滋味真香，我们兄妹几个省着吃，吃了半个月。那是我印象最深的美味了。

观前街也有卖高级饼干，鸡球饼干，3元一斤，我们吃不起。看见柜台里陈列的样品，我馋得直流口水。有一次写作文《我的理想》，我就写长大以后要赚钱，赚好多好多钱，买好多好多鸡球饼干（笑）。

生活总是要继续的，最困难的时候终于也熬过来了。现在回想起来，心里还禁不住一阵阵的酸楚。

（据2010年采访记录）

在最困难的时候，民丰锅厂食堂师傅真是操碎了心，因为领导发话了："粮不够，瓜菜代，不求吃好，但要保证一线工人吃饱。"这话说起来容易，但在当时物资极度困乏的情形下，要保证一线工人吃饱，就只能四处去想办法。冶坊工人定粮32斤（制坯工定粮是38斤），不算低了，但那会儿没有荤腥吃，肚皮里缺少油水，吃饭就特别多。据金师傅回忆说，那时整天的感觉就是饿，好像饿死鬼投胎，一顿中饭能吃3盒饭（1斤半），有时食堂里卖2两一只的馒头，一顿能吃七八个。食堂里想出了不少办法，比如用1斤粮票换20斤南瓜、山芋，拉着板车去乡下换回南瓜、山芋，和着粳米一起烧南瓜饭、山芋饭；与豆制品搭配来的雪花菜，单炒是很难下咽的，食堂就在雪花菜里放少许肉末，那就好吃多了，至今还有老工人记得那雪花菜的滋味。肉是定量配给的，就和萝卜一起烧，既开了荤腥，又能吃饱肚皮。

时任厂长许继发有一次在食堂里招待两个客户，要了一盘萝卜烧肉，一盆炒青菜、一碗豆腐汤，2斤米饭，这在当时已经是十分丰盛的了。吃罢结账时，许厂长饭票没带够，就先付了1斤饭票，欠了1斤饭票。食堂师傅说："厂长，你也是招待客户，该厂里报销的。"许厂长断然说："那怎么行，现在是困难时期，做干部的更不能有一分一两的多吃多占嘛！"第二天，他就还给食堂1斤饭票。

不知是谁通过谁的关系，给食堂里弄来10多袋高粱粉，足有千斤，居然不要一两粮票。这可把大家乐坏了，这能替代多少粮食啊！食堂师傅用面粉与高粱粉掺和起来，加点糖精水，做成类似窝窝头的东西，工人们吃了都说这东西解饿。

饥饿的日子里，所有人的想法就是千方百计找寻食物来填饱肚子。领档刘师傅回忆起这样一件事："那天，正好厂里发工资，第二天一早，我就去枣市街的面馆里吃碗阳春面。一碗阳春面2两半，6分钱。能吃碗阳春面，那时已经是一种奢侈了。面刚端上来，我还没扒上两口，门口蹲着的那个穿得破破烂烂的讨饭孩子一个箭步蹿到我面前，那速度快得我连眼皮都没来得及眨一下，他抢过我的面碗，"呼噜呼噜"就倒进肚里去了。我本想去揍他，但一看那孩子瘦得皮包骨头的样子，实在不忍心。我不但没有揍他，还给了他半斤粮票和1角钱。那孩子"扑通"一声跪下来，朝我磕了一个头，站起来就跑。那件事，我至今依然记得清清楚楚，那日子真的很难过啊。"

同车间的张师傅也说起一件至今难忘的事："每年立春一过，苏州农村田岸上都有不少人挖荠菜、挑马兰头，拿回家拌香干吃，也可以清炒吃。那天正好轮到我休息，就骑了脚踏车去横塘乡下挖野菜。我万万没有想到，不到百米的田埂上蹲了二三十人在挖野菜，看上去还都是城里人。寻了半天，我的腰腿都蹲麻木了，也没有挑满能炒半碗的马兰头。我看见一个年纪大的老太，满头白发，还拎只竹篮来挑马兰头，篮底里只有稀稀朗朗几小撮。我实在看不过去，就把我挖到的荠菜、马兰

头全给了老太。那么大年纪的老人,对着我一个劲儿地鞠躬致谢,实在让我过意不去啊!"

不管一切如何,日子再难过,我们仍然要平静而坦然地过日子。生活即便是这样,欢乐与忧愁、机遇与不幸交织在一起,甚至充斥着疑虑、危难、绝望和悔恨,我们也必须咬牙去面对生活,勇敢、含笑地去对待它。即使流泪,也要坚强地生活下去。

那段日子,用特写镜头看生活,生活是一个悲剧;但用长镜头看生活,生活则是个喜剧。

我们走在大路上,意气风发斗志昂扬。
毛主席领导革命队伍,披荆斩棘奔向前方!
向前进,向前进!革命气势不可阻挡!
向前进,向前进,朝着胜利的方向。
三面红旗迎风飘扬,六亿人民发奋图强……

老一辈的民丰人大多会唱这首歌,唱着就有劲儿。那时,厂里大喇叭天天都在播放这首歌,那激越的旋律和富有激情的歌词鼓舞着饥饿的人们为明天而工作。

冬天里的春天

1966年,"文革"开始。后来的10年里,民丰锅厂除迫不得已停产几天外,几乎没有熄灭过炉子。因为老工人都清楚,不做活哪来的钱,没有钱去喝西北风啊。至于"三家村""四家店",工人们都觉得和自己没啥关系。但是,厂里原来一整套规章制度遭到了一些小青年的非议:"这一套现在不吃香哉,那是'管卡压',修正主义的东西。"于是,每日质检便松弛了,车间质检登记表变成了一张废纸。老工人看着心疼,就关照自己的徒弟:"啥人敢拆烂糊(吴方言,'糊弄人'的意思),别怪我不客气!"

开职工大会时,厂领导换了一种说法谈质量:"我们是为革命而生产每一只铁锅,确保每一只铁锅有过硬的质量,也就是为革命做出贡献。"

外面闹得再凶，民丰锅厂里的生产也一刻不停，质量抽检还是照样进行。铸模车间有两个青年对厂里的奖惩制度有所不满，想着要写一张大字报批批这"管卡压"。他俩买来白纸，借来笔墨，兴冲冲找到厂部办公室，嚷嚷着要向旧管理制度开刀。厂办同志劝他俩回车间工作，但他俩就是不听，声称要在厂门口糊上大字报。正在吵得不可开交时，他俩的师傅匆匆赶来了，二话不说，劈手夺下两人手里的笔墨，瓮声瓮气地说："跟我干活去，伲（吴方言，'我，我们'的意思）工人不干活吃啥！"

他俩不服气，顶嘴说："厂里的规章制度太压人了。"

师傅说："规章制度就是用来管人的，人管好了，做出来的锅子才能好。"

他俩还犟嘴："师傅，我们不能光顾着几只锅子啊。"

师傅冷冷一笑，哼了一声："民丰锅厂不顾着锅子，那还顾啥！"

苏锅源于一丝不苟的工匠精神，这是一种自觉的行为。民丰锅厂做每一只锅子都精益求精，不"拆烂糊"，而且用一种规章来约束民丰人的行为，体现了工匠精神，闪闪发光的铁锅就是这样炼成的。

冬天尽管寒冷，但民丰锅厂的生产管理丝毫没有松懈。1985年的年终总结中有这样一段话："一个企业要发展壮大，占据市场并立于不败之地，那么，练好'内功'至关重要。民丰锅厂从私私联营到公私合营再到国营，企业体制一变再变，但不变的就是那句喊了近半个世纪的口号'向管理要效益'。麻雀虽小，五脏俱全。企业无论规模大小、人员多少、技术程度高低，都应该有一套行之有效的管理方法。民丰锅厂也不例外，经过多年的摸索，形成了一套从生产计划、技术、供销和物资管理、财务管理到资产、资金、劳动工资、安全生产的管理制度。"

制度不仅贴在墙上、说在嘴上、喊在口号上，而且落实在行动上，具体包括这样几方面：

（1）生产计划管理。

自1954年第三季度起，民丰锅厂为适应生产发展需要，配合全市性的劳动竞赛，开始建立比较完整的生产原始记录制度，如生产情况日报、月报、期报、季报，原燃料的领退、消耗日报，产量、废品率、次品率的统计报表，等等。各生产小组制订了废、次品率定额，将完成情

况汇总上报,在开生产会议时作为研究讨论的原始依据。

一开始,制订财务收支计划,每月末由各用款部门编制下月预算,月终检查预算实施情况,逐步使收支情况明晰,避免了多花钱、乱花钱的现象。

公私合营后,企业的性质变了,人员多了,车间多了,收支账目也多了。制订生产计划不再像以往那样侧重于统计数字,而是按上级主管部门下达的任务来制订年、季、月的生产计划,并将计划下达到各车间,月中或月末召开生产计划完成情况的分析会,每天则按计划检查进度,协调各方面的工作。生产计划科建立了各种统计台账,及时记录、核算、保存各类统计数据。劳动竞赛期间,每天公布各车间的生产进度,比学赶帮超,统计数据往往能激发工人们的劳动热情。

从自主生产到计划生产,就像一个大型乐团一样,不是单个的表演,而是在统一指挥下的交响演奏。而各类计划报表则像乐谱一样,各车间可以对照乐谱,演奏出雄壮而谐调的乐曲来。

(2)技术管理。

技术科建于1980年3月,是从原技术设备科分出来的。

技术科所做的主要工作有五项:产品设计、工艺管理、技术革新、技术教育、科技档案管理。

按部颁、省颁技术标准,根据市场需求,技术科拟订设计方案,编制设计计算书,然后绘制产品设计图,说明相关的技术质量标准。新产品设计及试制任务下达后,技术科就要抽调专门力量进行样品试制;出样后要反复核对产品图纸、工艺、工装等技术参数;样品经鉴定合格后才能交车间批量投产。

这中间,新产品的工艺管理是至关重要的,它包括:审查产品设计的工艺性;编制工艺路线与规程;设计工艺设备;试验新工艺;编制工艺文件;等等。

技术科在技术革新方面投入的精力是最多的,先后进行过多次铁锅炉改造,以提高风温,多用废料,降低成本;采用铁锅压制新工艺,一改传统的浇铸工艺,既提高了产品质量,也减轻了劳动强度。

为使青年工人适应现代化生产的要求,技术科抽调专人,配合业余工校开展技术教学活动,以培养技术人才。多年来,技术科结合铸锅的行业特点，编选教材，分科教学，先后开办了制图班、铸工班、炉子熔炼班、电工班、机械加工技训班等。

科技档案的整理保存，也是技术科的一项重要工作内容。这项工作繁杂而琐细，马虎不得，因为它既是生产管理和技改的原始记录，也是工人们劳动成果的汇集。从无到有、从少到多、从分散到集中，技术科逐步建立了较为完善的"民丰档案"，其中有技术档案、资料、相关书刊、绘图器具等，并给所有资料都编号、登记、造册，以便查阅。

(3) 供销和物资管理。

根据销售情况，供销人员按月编制产品花色品种计划，报生产科安排生产，产销对路，避免积压。销售情况表如同一份市场诊断书，民丰锅厂根据这份诊断书，缺什么补什么，积压什么就减产什么。供销人员跑市场不仅要推销产品，还要眼观六路、耳听八方，将自家产品与同类产品比较，把消费者的意见搜集起来，以使产销平衡，有的放矢，对症下药。

供销管理的另一项职责是及时回笼销售货款、结算托收，并与财务科密切配合，及时清理债权债务，加速资金流转。对原材料的采购则重质量、比价格，计划采购，节约资金。

供销供销，无非是出与进，说起来简单，做起来并不简单。尤其是供销人员单独在外时，能否按章办事，全靠自觉性和厂纪厂规的约束。厂里流传着这样一个故事，说有个供销员去浙江推销一批铁锅，对方表示可以一批吃进各种型号的铁锅1 000只，希望价格上能让10%。对方在招待民丰锅厂供销员时，私下里答应可以给他2个点回扣。这个供销员吃了不少酒，但这条"高压线"是不敢碰的。他婉言回绝了对方的要求。对方很佩服他，说这年头像他这样诚实无私跑供销的真的不多，愿与他交朋友。于是，对方很爽快地签下了销售合同。这个供销员回厂后，深有感触地说："钱，是个好东西，人见人爱；但是，君子爱财，取之有道，我要是拿了回扣，怎么对得起在炉前苦干的工友，又怎么能心安理得！"

为拓展销路，经第二轻工业局批准，民丰锅厂于1980年7月初设立门市部（图27），采用"前店后厂"的传统经营方式推销苏锅。门市部员工不但协助供销，还参与对苏锅的宣传。他们自己书写了100多张宣传单，去市郊居民集中居住区张贴；还印制了标有铁锅品种、价格、销售联系方式的单页，寄往供销尚未布点的地区供销社。这样的主动出击，推销掉了积压10多年的二等品铁锅，一等品铁锅更是走俏。

图27　民丰锅厂门市部

（图片来源：苏州市工商档案管理中心）

门市部既是供销的窗口，也是反馈群众意见的传声筒。在服务顾客方面，他们做到"三个一"：一盆水，铁锅黑而脏，让顾客挑选铁锅后在一盆清水里洗洗手，无疑是一个惠民的举措；一根草绳，把铁锅用绳子捆扎好，便于携带；一块砂轮，有的铁锅底部毛糙，就帮顾客用砂轮磨平、磨光。对于单位食堂来买锅子，则实行送货上门。由于销售管理、宣传服务工作到位，门市部的生意一直很好。1980年7月至12月，半年营业额达67 908.04元；1981年全年营业额达171 027.44元；1982年全年营业额达150 190.11元。厂里人都说，跑供销的是走出去的供销，门市部是坐在家门口的供销。

物资管理与供销管理一样，不仅有整套的规章制度，需要编报月度计划交供销科去采购，还要对进仓物资进行核对验收、清点入库。民丰锅厂对入库物资保管提出"三齐"（库容整齐、尺码整齐、标牌整齐）、"三清"（质量清、数量清、规格清）、"三不"（不短缺、不变质、不混号）的要求，做到先进先出、妥善保管，不致物资变质损失。对易燃、易爆物品，如各种油类、油漆、电石等，物资管理最讲究"安全"二字，固定仓位，专位登记，巡回检查，确保安全。

属于以旧换新的物资，能修复使用的尽量修复使用，能节约的物资尽量节约使用。

原燃材料入库，除焦炭暂时无法过磅、石灰石采取核对货船吨位的方式外，其他物资一律过磅入库。如遇规格混杂、数量不符、价格错标等问题，工人主动向供销科反映，妥善合理解决。对成品入库也是这样，凭入库单核对验收无误后才准予入库。

厂里的工人都说，物资管理人员好像是黑面包公的后代，只看规章，不看人面，不合规章的物资要想从他们那儿进出，比枣市桥下逆水行船还难呢。

（4）财务管理。

财务管理不是一把算盘、一本账就够了，公私合营前所有的大小冶坊账房间里是没有现代财务管理的，靠的就是算盘与账本，进出的预算、收支的平衡、盈亏的计算，都是一笔糊涂账，或者说只是老板肚皮里的一本"良心账"。民丰锅厂公私合营后，先后并入五家冶坊，摊子大了，账目细了，要核算的项目也多了，这时才开始建立现代意义上的财务管理制度，包括成本管理、资金管理、财产管理等。

现代工业管理中，生产过程所耗费的原材料、燃料、辅料、动力、人员工资及应计提的福利奖金、固定资产折旧和其他费用支出，都属于成本范畴。它是生产耗费的综合表现，集中反映了企业的经济成果。民丰锅厂的产品周期短，基本上是以销定产，终端产品作为成本计算相对比较简单。即便是简单的成本核算，账目也很琐细，若一不小心出错，也会很伤脑筋。财务科曾有过一个"8.75元的故事"，说的是1957年的年终结算时，成本支出与销售收入全年核账，核来核去，账面就是碰不拢，少了8.75元。结算已经搞了三天，收支轧不平怎么办？财务科人员不约而同的想法是，从头开始，一笔一笔再算账。那两个夜晚，财务科的灯光到半夜还没有熄，算盘珠儿"噼里啪啦"响个不停。那是岁尾的一天，偏又赶上寒流，窗外稀稀落落地飘着雪花。屋里没有取暖设备，拨算盘珠儿的手指都冻僵了，财务人员就站起身来搓搓手、跺跺脚，一直忙到元旦，才终于找到 8.75 元的差额产生的原因，原来是 5 只包装物的押金没有计算进支出中。财务科的人员看着轧平的账目，望望窗外开始透亮的天空，舒心地笑了。这时，大家才感觉到了饿，一夜没吃东西了。

固定资产的管理，种类繁多，是财务科管理的重头。为确保国家财产不受损失，企业必须如实地反映固定资产的实有数和增减变动情况，同时根据生产需要，提高现有固定资产利用水平，充分挖潜、革新、改造，发挥其效率。财务科按固定资产的经济用途、经济性质和使用情况，将固定资产分为生产用固定资产和非生产用固定资产两个大类，又细分为厂房、厂房以外的建筑物、动力设备、传导设备、机械设备、化验设备、管理用具七个小类。财务科将固定资产按使用的车间、部门设置固定资产总账，详细记录各种固定资产的名称、规格、原值、折旧、购建、报废及使用年限，设备科还协助建立车间分类账。到年终时，财务科会同设备科，对全部固定资产进行盘点，做到有物有卡、卡物相符、卡账相符。

在资金管理上，财务科采取归口管理办法来实施管理。财务科将资金细分为储备资金、生产资金、产品资金、待摊资金、专项资金等类，建立了一整套预算、核算制度。财务科在管理上严格执行"四不"：严格执行财政制度，任何人不得随意借支；各类资金由财务科集中管理，任何部门不得私设"小金库"；严格执行成本开支范围的规定，一切不属于成本开支的费用不得计入成本；支付款项则严格履行手续，任何人未经批准不得随意列支。"四不"的执行，则由月查、季查、年查来保证。

（5）劳动工资管理。

民丰锅厂的劳资科是 1981 年建立的。虽然建制晚了点，但起点比较高。他们吸取他厂的经验，结合本厂的实际情况，制定了考勤记录制度、工资定级基本资料积累制度、工人进出归档制度、劳动培训制度等。

据《苏州民丰锅厂厂志》记载，工资、奖励方面，民丰锅厂按国家政策及上级规定结算职工工资，扣发、代扣款项须有政策依据或书面委托。各部门认真做好考勤记录，考勤记录是反映每一个职工出勤、缺勤和工作时间的原始资料。此外，厂方还尽力做好徒工正常满师定级手续及劳动工资基本资料积累工作。生产奖金由劳资科负责办理申报、平衡结算手续。

（6）安全生产管理。

"生产必须安全，安全为了生产"，这是民丰锅厂始终绷紧的一根安全的弦。厂里由厂长、专职安全员、车间主任、生产组长等组成安全生产委员会，由安全员具体督促和检查安全工作。实行厂、车间、班组三级安全教育制度，把安全生产的各项规章制度落实到位。按月组织车间安全生产检查、评比、总结，学先进、找差距，不放过任何一处安全隐患。

厂里按规定发放安全防护用品，工人上岗时必须穿戴个人防护用品，不得违章操作。万一发生人身、设备事故，厂方将第一时间组织抢救，然后进行专题分析，评估事故原因，按情节轻重对相关人员给予严肃处理。

民丰锅厂的管理层都知道，"没有规矩，不成方圆"，一个企业就像一台机器，各个零件组合在一起，必定要在一定的机制下才能顺利运转。因此，他们经常在会上讲的一句话就是"管理上要细中再细，执行制度要严中再严，安全生产要讲了再讲"。

技术革新求发展

"逆水行舟，不进则退"，这句俗语对于焕发出高涨劳动热情的民丰人来说，体会尤为深刻。民丰锅厂能在多年的风雨中屹立不倒，从1952年到1982年间共计上缴税利1 469.71万元，其中上缴利润1 096.69万元，就在于管理技术和生产设备的改进升级（图28、图29）。重大技术改进升级大致有5项：熔炉改进、锅模改进、机械改进、燃料改进、原料改进。

（1）熔炉改进。

民丰锅厂原来用的是泥制0.18立方米鼓形炉熔化铁。出铁水时，一个风档工在炉后将炉撬起，一个炉工在炉前将向前倾的炉子撑住，以防熔炉向前倾倒。这样恶劣的操作条件，严重威胁着工人的安全。后来，车间里安装了护索（铁链条），防止熔炉倾倒，但还是不能彻底改善操作条件。

图28　民丰锅厂技术革新成果——出灰机

（图片来源：苏州市工商档案管理中心）

图29　民丰锅厂技术革新成果——电动轧煤机

（图片来源：苏州市工商档案管理中心）

熔炉的鼓风一开始是用人力的，后来就采用鼓风机。人力或鼓风机所鼓进炉内的风都是冷风。为提高炉温，节约燃料，厂里就在鼓形炉上面装上一个热风罩，罩内有管道，管子受到炉焰的烧烤，鼓风机鼓出的风先经过热的管道，再进入炉内，从而提高了炉温，节约燃料达30%。

1956年秋，厂里组织技术力量，对熔炉的搀炉出铁方式进行改进，试制成安全杠杆揿炉，变二人操作为一人操作，操作工在距炉前的安全距离内用手将杠杆揿下，就能将铁水倒出来。这种方式既能控制出铁量，又能保障操作工的安全。

熔炉内产生大量火焰，热量向四周辐射，使周围温度高达50多摄氏度。在春季时，工人只穿单衣操作，到了夏天，更是酷热难当，工人时常因高温而头昏，甚至因大量出汗而中暑晕倒。为保障工人健康，厂里对熔炉专门做了研究，参考兄弟厂采用的熔炉隔热设备并加以改进，试制了隔热水箱设备，将开放性的火焰散发的热量用水箱尽可能地封闭起来，以减少辐射热，并利用空气对流的原理，在不妨碍出铁、加料、回铁水等操作的前提下改进了隔热设计。经测定，未安装水箱隔热前，加料处温度高达59摄氏度，辐射热强度为每分钟1.4卡/平方厘米；安装水箱隔热后，加料处温度降到44摄氏度，辐射热强度为每分钟0.9卡/平方厘米。大部分开放性火焰的热辐射被隔离，大大减少了工人操作时的灼热感。

热风罩的安装使风的温度升高，从而加速了生铁熔化并降低了燃料的耗用量，同时排出的温水可供生活用水，每月可节约生活燃料费约400元。

熔炉要熔化生铁，而生铁来源远远不能满足生产需要。民丰锅厂的技术员大胆实践，把搀炉改进为天平炉。天平炉可以熔化废铁屑，弥补了生铁来源的缺口。开始投产时，由于操作工没有完全掌握天平炉的性能，只能炼铸再生铁，不能浇铸铁锅。通过改进，提高了热风温度，才使铁水温度显著上升，浇铸铁锅获得成功。但是铁水质量不够稳定，时青时老，造成铁锅质量时优时劣。同时经常发生"冲铁口"而影响炉龄。技术人员看在眼里，急在心里，他们再次发起对天平炉改造的大攻关。很多人一连三天泡在炉前，饿了，吃几个馒头，困了，就和衣躺一会儿，满脑子都是天平炉。经过加大风力、减小风嘴角度、砖砌炉缸、冷却铁口等试验，终于突破难关，天平炉趋于正常生产。炉温提高了，炉龄延长了，单炉昼夜产量从5 400张逐步上升到9 200张，单班产量最高冲破4 000张大关，达到4 600张。焦耗从万张12吨下降到8吨，浇出的铁锅色光白亮、轻薄、有韧性，质量接近1958年前木炭铸锅的质量水平。

（2）锅模改进。

"两块烂泥夹块铁"，是传统泥模设备，但古老的设备已远远不能满足大规模生产的需要，必须对锅模进行改进。纯泥模不仅不能适应多次铁水热度考验而寿命不长，而且耗时长，下模一般浇铸3天，上模一般浇铸一周，多则9天。将纯泥模改进为骨架水泥模，除了能延长寿命外，也消除了夏工做模型的历史旧规，可以随要随做。

骨架水泥模使用一年后，民丰锅厂又参照上海的经验，把中、大型无紧绞的锅模改进为有紧绞的锅模，在操作时只要摆稳上下片锅模就行了，大大节约了人力和物力。改进锅模后的铁锅质量在历次省级评比中都被评为"良"或"优"。随着生产设备逐步改进，铸锅从纯手工操作过渡到半机械化操作。

（3）机械改进。

铁锅是用两片泥模浇铸而成的，模型大小则根据铁锅大小而定。虽是泥模，但斤量不轻。过去浇铸铁锅，工人要把两片泥模合上、分开、搬上搬下，一天所消耗的体力非常惊人。据科学测算，一个浇铸工一天所消耗的体力是一个码头搬运工劳动一天所消耗体力的4倍多！

1964年，厂里成立"三结合"（干部、技术人员、工人）小组，集中精力攻克这一难关，把工人从繁重的体力劳动中解放出来。经过近两个月的反复研制，先后制作半自动机械传动的敞扣倒脐机30台，实现了半机械化。100多斤重的锅模自动敞扣，丝毫不差。但是由于操作不当，生产中废品率升高。操作工人对这个铁家伙又爱又怕，怕的就是出废品。厂领导坚持革新主张，让大家丢掉"怕"字，树立"敢"字，在实践中去摸索、适应机械性能，终于使敞扣机的废品率降到4%以下。上述改进仅适用于中、小锅具的生产。随后，技术人员根据杠杆原理，设计制造了手动杠杆式敞扣机，足以生产大型的锅具。

(4) 燃料改进。

0.18立方米的土炉，燃烧木炭，浇铸铁锅，这是传统的用料方法。由于熔炼技术提高了，原来用的燃料木炭普遍吃紧，所以不得不寻找能替代木炭的新燃料，并对新燃料不断加以改进。民丰锅厂一方面向上海炼油厂采购油焦燃料，另一方面积极改建熔炉。试产初期，炼出来的白口铁制成的铁锅极易开裂。经技术人员几度改进操作方法，炼出紫口铁制成的铁锅就不易开裂了。燃料成本也下降了80%以上，单位产品成本降低20%左右。后来，油焦的来源中断了，就改用土焦。土焦的熔化力强，胜过油焦。用土焦代替油焦，是燃料上的一大转变。再后来，土焦的来源又吃紧了。民丰锅厂知难而进，将每批土焦燃料搭配10%白煤，在铁炭比不变的情况下，增加出渣次数。通过半年多的试验，终于获得成功，6个月共节约焦炭125吨。之后，工人们又从焦炭中筛出不熔化的焦屑，用焦屑和煤屑做成混合球来代替焦屑球，又使燃料大大节省了。这一系列的燃料改进措施，被工人们称为"闯五关"。

(5) 原料改进。

铁锅的基础原料是生铁，由于搀炉的吞吐量比鼓形炉的吞吐量大得多，原料消耗也就特别大。当时，民丰锅厂的领导就提出"吃杂粮"的口号，也就是不能单纯依赖旧生铁，而要选择多种材料来源。要"吃杂粮"，关键在于攻破熔炉操作技术关。工人们采取在设备上加大风力、减小风嘴角度等措施，使旧熟铁搭配旧生铁的熔化趋于正常。

旧熟铁材料来源紧缺，而一些工厂机床冲压下来的边角料未得以充分利用，于是民丰锅厂工人们四处采购，搜集来大量边角料。边角料是"抛货"，体积大，重量轻，入炉前须经过加工。初期试炼时，铁水质量不稳定，时好时坏。随后，工人们加大投料，提高炉温，使铁水质量迅速稳定下来。

民丰锅厂还发动群众想方设法利用废铁屑、刨花铁进行冶炼。有些被其他工厂当作"垃圾铁"的废铁料，他们也不放过，用极低的价格拉回一车车"垃圾铁"来铸锅。例如，苏州电器厂堆放了20多吨"垃圾铁"，原准备运出去填河的。民丰锅厂派了7辆卡车去把这些"垃圾铁"运回来，只花了200元货款。据统计，从1963年起，用废旧铁生产的铁锅有292万张，还有坑管990吨、铸件130吨，相当于节约生铁

原料 3 200 多吨。变废为宝，苏锅的质量一点也没有降低，而成本大大降低了。

除了上面 5 个方面的改进以外，民丰锅厂还有很多其他方面的革新，也节约了成本。例如，翻砂用木模，用不了几次就会走样损坏，工人们就将木模改进为可多次使用的塑料模；盛铁水的器具过去都是用稻柴灰覆盖以遮挡热气，改进后用干黄泥粉代替，同样的效果，成本却降了一半；水管拉铸用内外器代替模、蕊，内外器用硬模浇铸，不仅节约了成本，还省去了不少工序。

第四章

情怀篇

——润物无声见真情

并非传奇的真情故事

民丰人的胸怀可以装下一口大锅，民丰人待人淳朴得不含杂质，民丰人的后代与他们的前辈一样，同样具有炉火般炽热的爱。

周国忠、周家忠兄弟出生在无锡前洲乡。父亲是苏州民丰锅厂的翻砂工，母亲是家庭妇女。父母生下四个孩子，周国忠、周家忠分别排行老三、老幺，上面有两个姐姐。1979年，父亲提前退休，决定由刚退伍的周国忠"接班"。周国忠执意要将机会让给二姐，然而传统观念根深蒂固的父母非得要把这个机会留给儿子。双方僵持不下，最终父母决定让正读高一的周家忠辍学接班。

周国忠后来当了司机，28岁时与相恋多年的顾红霞结婚。婚后不到半年，1982年夏的一天，父亲被查出肝癌晚期，不到两个月就匆匆离世了。操持完父亲的后事，周国忠召开了家庭会议。他对母亲说："您放心，父亲虽然走了，但有我们在。父亲未了的事情中，最大的事情是弟弟还没有成家，我是长子，长兄为父，我会负起责任，帮弟弟成好家！"后来的日子里，成为基层机关干部的周国忠一直呵护着弟弟，并从经济上不断接济他。1988年，厂里终于给了弟弟一个货币分房的机会，可弟弟拿不出那么多的钱，还是哥哥给他全部交上。弟弟感动得流泪，表示早晚都要还哥哥的钱。这时嫂子顾红霞就说："还什么还，留着成家吧。"

第二年，一个美丽的苏州姑娘与弟弟相爱，这在全家人看来是天大的喜事。不久，在哥哥的资助下，周家忠体体面面地成了家，并很快有了女儿。但三年后，弟弟所在的民丰锅厂效益下滑，收入越来越少，弟媳又下了岗，弟弟一家生活上越来越捉襟见肘。当弟弟一家回无锡过年时，哥哥嫂嫂给他不少资助，并建议他回老家发展。后来，弟弟的工厂因兼并迁移，他蜗居的20多平方米的房子被拆迁，由于无力购买新房，他和妻子终于下定决心，于年底回到无锡。在哥哥的帮助下，弟弟的女儿上了无锡最好的初中，弟弟进入前洲供电所工作，弟媳也在前洲建筑公司找到了工作。

然而，就在弟弟一家过上新的美好生活之时，厄运却悄然而至：弟弟竟然得了绝症！在哥哥的安排下，弟弟在上海某医院住院一周，接受了介入治疗。之后，又吃中药进行调理。但是病弱的生命仅维持了三年，弟弟最后还是走了。

哥哥在整理弟弟的遗物时，看到日记中有这样的文字："……因为有亲情，温暖才存在；因为有温暖存在，亲情才如阳光般无私无悔；因为有存在的温暖亲情，阳光才动人灿烂，驱散黑暗……我的乐观，来自哥哥那如火的亲情。这亲情，改变了我，影响了我。"

"不要流泪，本来三个月就死的我，已经活了三年，我们都该知足、高兴才对。交代你几件事情，你仔细听清楚：第一，有些存放的钱物已告诉过你，你要保管好。第二，不要让女儿知道我又住院和病情严重的情况，让她安心读书。第三，女儿上大学让她读医科，今后当个医生。第四，你带好女儿，今后不要干涉女儿的婚姻！即使你不满意，也不要去管，更不要生气。第五，我走后你好好找个合适的人改嫁，尽快淡忘掉我！好好活着，善待自己，更要善待别人，保持仁慈之心、恻隐之心、怜悯之心。"

哥哥为生活所感动，写了一本书《弟弟最后的日子》，书中说：

再远的路，也有尽头，总有回的时候。不管是显赫达贵，还是行囊空空，一梦依稀过后，故乡，始终是游子泊锚的港湾。

弟弟家忠离世已快5年了。我作为他的兄长、作为他短暂人生的目击者、作为他生命后期的重要见证人之一，难抑心中的伤感和怀想，深深陷入对弟弟的无尽思念，如烟的往事似幅幅图画，在脑海中萦回浮现，挥之不去。

弟弟出生于1964年2月26日。那是一个精神和物质双重匮乏的时期。尽管父亲在苏北一家工厂工作，按月往家里寄来生活费，这在当时净农户的眼中已是很值得羡慕的事了，但父亲微薄的工资要支撑起一个七口之家则难免捉襟见肘，家中常常也是缺衣少食。尤为困窘的是，全家只有一间长7米、宽3.6米的破屋，其中五分之二用作客厅，五分之二用作房间，五分之一用作厨房。除此之外，就是破屋后面搭有一间不足5米长的茅草屋，用以养猪和养兔。住屋逼仄难以容身的结果，就是两个姐姐以及我与祖母不得不寄宿在邻居家里。而来到贫寒家庭的弟弟，似乎又是幸福的。他和母亲同住在自己的家里，上有祖母、父母的怜爱，下有大他15岁的大姐和大他10岁的二姐的呵护，还有大他9岁的我与之玩耍。因而，弟弟的童年、少年是在温暖的亲情的包围中度过的，倒并没吃过什么苦头。

天性善良的弟弟，皮肤白皙，脸庞方整，长得帅气，双眼皮下的大眼睛忽闪闪地透着灵气，很是惹人喜爱。与我和两个姐姐一样，父母对弟弟的教育也很简单：诚实做人，踏实做事，与人为善，上进出息。弟弟在这种家庭熏陶中成长着，忠厚淳朴，腼腆内向，不顽皮，不贪玩，从不与别人家的孩子吵架或打架，偶尔受了委屈也不吭不响，村上人都夸他是乖孩子、好孩子。只是弟弟似乎天生就有一种倔强劲，快3岁时接种疫苗后，因无意中吃了几块羊肉，致使左臂接种处糜烂，皮肉迟迟难以愈合。母亲抱着他到城里问医，医生给他清理腐肉，母亲心疼得眼泪直掉，而弟弟只是哭了几声就止住了。母亲说当时的弟弟咬牙龇嘴还真刚强。平时遇上感冒发烧打针时，弟弟从不哭闹。有一年春天，弟弟在玩耍中把一件刚刚穿上的新衣弄破了，生气的母亲狠狠地打了他一顿，而弟弟始终不哭。母亲打累了，叹口气说：这孩子太犟。

也许是出身农家的缘故，弟弟很懂事，从小就懂得分担。母亲、两个姐姐和我在田间劳作，他放学回家后经常会做些家务活，给兔子喂青草，往猪圈里撒"水葫芦""水花生"。碰上下雨天，他会帮着大人一起抢运场上的晾晒之物。暑寒假期间，他则当起了伙夫，在家里烧午饭。当我们回家看到他稚气的脸上粘满锅烟灰时，忍俊不禁地笑过之后，内心充满喜悦：弟弟长大了。

（摘自《弟弟最后的日子》，作家出版社2013年出版，略有改动）

民丰人铸锅，与冰冷的铁打交道，意志如铁，性格如铁，但内心是柔软而温情的，像春风细雨里飘过的柳絮，像山涧淌过的清澈泉流。很多年以后，工厂歇业关门了，老工人还会常常回到枣市街上来走走看看、想想说说，聚在一起回忆厂里那些令人感动的事和那些心灵干净的铸锅人。

那是一些活得生动的铸锅人，那是一些挥之不去的鲜活记忆，烙印般深深地烙在民丰人的心里。

给点阳光就温暖

据苏州市轻工业局（以下简称"轻工局"）驻民丰锅厂工作组1985年年底的统计，该厂45岁以上女职工57人，55岁以上男职工121人，其中困难家庭（含特困户）占40%以上。从民丰锅厂历年的信访记录看，反映家庭困难的占一半多。1985年，民丰锅厂全年接受工人信访262件，其中给予明确答复的有135件，解决问题的有98件，转呈厂外处理的有29件，件件都做出处理。当时的厂领导并不把职工反映的这些实际情况当成包袱，而是认为这是干部、党员应该去关心帮助和努力解决的事，给点阳光就温暖："群众工作无小事，即使是一时解决不了的问题，哪怕能解释清楚、给几句安慰话也是好的。"

老职工倪湧海退休后回到湖州乡下，因年老多病，家庭经济十分困难，在1987年11月2日给厂总支写了一封求助信，信中说："我感恩民丰厂历年来对我的关心，我并非无良心之人，实因医药费开支高，家庭极度困难，所以才厚着脸皮申请补助费。我已经两次写信，请领导考虑我的请求。"

厂领导阅信后非常重视，当即在信访经办登记表"拟办意见"中明确指示："核实后，请工会即予解决。"

劳工科在"处理意见"中写道："已于6日寄出102元。"

谁知道没过几天，倪又来信称："去镇信用社查过，未见民丰厂的汇款。"

厂领导得知后，立刻责成劳资科、财务科查明原因并复信给倪湧海同志。后来查明补助款汇往倪湧海原来住过的地方湖州织里乡，乡信用社随即通知倪湧海去领取。事后，倪湧海用毛笔工工整整写了一封信给厂领导深表感激之情。

1987年5月16日，泰兴中心小学给民丰锅厂来信，信中说，"我校张明义老师的爱人倪伯男同志在贵厂工作，他们夫妻长期分居两地，至今已接近退休年龄，尚无固定住房，居住确实困难。他们现仍借住在私人住房内，不但拥挤，与房东矛盾也很尖锐，退休后无法再居住下去。我们希望与贵厂联系，共同协商解决这一问题。"

民丰锅厂领导阅读来信后，没有推诿，而是责成组织科先了解具体情况，然后两次研究解决方案，指定专人找房管所协商安排了36平方米的公租房。

退休职工惠细宝在1985年4月初给轻工局写信，反映自己的住房困难："我家住胥门外永安里，系租住的私房，月租金4.70元。由于房屋年久失修，且处于交通繁忙的胥口河北岸，经常遭受机帆船碰撞和台风袭击。现房屋地基已塌陷，成为随时可能倒塌的危房。房东要收回房屋，我也多次向民丰厂反映，厂行政科、退委会和居委会曾一起前来察看，确认'实属危险房屋'。至此，厂领导经研究，同意让我和老伴分别居住在厂集体宿舍。但是，我们居住集体宿舍，生活极不方便，于是多次向厂工会反映过我的实际困难，但都没有解决。我是民丰锅厂建厂时的老工人，毕生都献给了这个厂，退休刚一年，就遭遇如此困难，想想真是寒心。我没有苛刻的要求，只希望单位能给我分配一间住房。我已是疾病缠身的老人，没有精力纠缠此事，只希望厂领导能解决我的危难。"

轻工局秘书科接信后批示："请锅厂领导妥善给予解决，并答复写信人。"

厂领导阅读惠细宝的来信后，立即责成工会去了解此事，在"拟办意见"中明确表示"根据本厂住房具体实情研究处理"。在接下来的两个月里，厂工会的同志多次跑到沧浪区房管局，反映惠细宝的实际困难，征得对方同意后于同年7月上旬将其分配居住到盘溪新村。

这些涉及住房、补助金等的问题，落在每个人头上都不是小事。民丰锅厂的领导多次在会上提及这些事，没有沾沾自喜，而是反省自己的工作在哪些方面还没有做到位："有些老职工家庭条件差，是我们应该关心的对象。民丰厂的家底并不太厚，条件也差一些，但我们应该尽一切可能去关心帮助职工，我们的党员、干部都应该努力去做。"

民丰锅厂的工人与铁屑、煤灰、炉渣打交道，脸上整天都是灰不拉叽的，公私合营以前所有冶坊只有男工，没有女工，对工人的福利考虑得并不多。随着企业逐步扩大走上正轨，工人的各项福利也逐步跟了上来。

尤其是工人工资的演变，总是反映问题最多、劳资科出面解释最多的。

1937年之前，工人工资以工件计算，每生产铁锅1千张，发给工资2.88元，月平均工资约为24.5元。

1938年至1947年，各冶坊均在春炉结束时结算工资，以3石米的工资为标准，月平均工资约为4石米。

1950年10月起，领档工人每月工资从4.05石米增加到5.06石米；1957年实行工资改革，当时全厂在册人数277人，其中工人215人，领季节性工资的有152人，领长年月工资的有125人。工改时，最高月工资为160.72元，最低月工资为28.70元，月平均工资为51.51元。工改增资人数为108人，增资面达37.37%，月平均增资5.54元。

1959年、1964年苏州市先后进行过两次工资改革，自1964年开始实行八级工资制。

1964年2月9日，苏州市手工业管理局（64）手管劳字第24号文《关于调整生产工人工资标准的通知》中规定：

生产工人工资标准，从原岗位工资制（最低28元，最高71元）调整为八级工资制。一级为30元，八级为90元，八级为一级的3倍。

生产工人工资标准：

一级30元；

二级35.10元，二级副32.60元；

三级41.10元，三级副38.10元；

四级48元，四级副44.60元；

五级56.10元，五级副52.10元；

六级65.70元，六级副60.90元；

七级77.10元，七级副71.30元；

八级90元。

各工种工资等级线如下。

铸锅：

领档、熔炉、修炉技工可定七级工；

正副抓坯、浇铁工可定六级工；

炉前工、加料工可定六级副；

糠灰工可定六级工；

整理、送货、上落、沉煤工可定五级工；

抬铁水、修炉、运料、烧烘间、淘沙、煤灼工可定四级工。

铸管：

领档工可定七级工；

正副抓坯工可定六级工；

抬铁水、拨红管可定五级副；

整理、出灰、揩柏油可定五级工；

筛沙、烧烘间可定五级副。

铸犁：

炉工可定七级工；

浇铁、修炉工可定五级副；

汤罐、犁头、滚筒、模型工可定六级工；

整理、铁砂、运料工可定五级副。

金工、电工、泥木工等按通用等级线执行。

（据《苏州民丰锅厂厂志》，有改动）

1972年6月，民丰锅厂又对部分工人、职员调高了工资，调整工资的有118人，占全厂职工总数的24.78%。职工们对厂里所落实的关于工资调整的政策、做法基本上是满意的。

民丰福利也不差

过去各冶坊在劳动防护上只有浇铁工人配发钉靴，其他工人既无防护用品穿戴，也无医疗等劳保享受。有一个叫华根泉的老师傅在生产过程中双眼被铁水烫伤，冶坊老板不肯出钱为其医治，华师傅自己又没钱，眼睛得不到及时医治，造成严重的视力减退后遗症。幸亏那时已临解放，否则其饭碗都会被老板端掉。

1954年10月15日，民丰锅厂经劳资协商，订立了第一份《劳保合同》，共六章十九条，其中明确规定了不同情况下的补助办法和金额。例如，对因工或非因工伤残工人，根据病假时间、结合工人工龄规定了相应的补助金额；对因工或非因工死亡工人，给予其亲属一定的丧葬费，并根据亲属人数给予不同数额的抚恤费。

1956年6月，厂里为执行国家有关劳保政策，对上述合同予以修改，重新制定了适合本厂实际的劳保条例。实施新劳保条例后，厂里第一批老工人（5人）得以退休养老；长期患精神病、肺病的3位师傅得到了病假期间的生活、医疗待遇；新进厂的女工生育有产假，按月有经期假；因公或非因公死亡的抚恤金也相应提高，体现厂里对每一位职工的关爱。1956年，厂内设立保健站，并于次年与无锡疗养院签订了住院合同。

　　从1956年开始，厂里根据工种特点，给每个工人发放劳保用品。1974年和1981年，又对劳保用品的发放标准、范围、管理、使用等进一步做了细化。

　　初建的保健站只有一名医生，备些常用药品，遇上大病、急病就请病人转院治疗。有一种"火烫药"和一种被戏称为"仙水"的药，是保健站一年四季必备的，也是民丰锅厂特制的药。"火烫药"的制作方法是用刚生下不久、未长毛的肉鼠浸在麻油或菜油里，待肉鼠化烂后，将油过滤出来。据说这种药涂在烫伤处特别见效。"仙水"的制作方法是用陈石灰浸在清水里，待水面浮起一层油状的东西，再把水过滤出来。这种药也能治愈小面积的浅层皮肤烫伤。除了这些土方药物外，保健站会定期去医院配制一些常用药。工人有小毛病一般不出厂门就能配上药。保健站还不定期举办卫生讲座，出关于卫生健康的黑板报。从1978年至1985年，厂保健站对一般烫伤的治愈率高达98%，受过轻工系统卫生保健的表彰。

　　民丰锅厂原来没有女职工，被人称为"和尚堂"。公私合营后，女职工陆续通过招工、顶替进厂。到1982年年底，民丰锅厂已有女工188人。（图30）进厂的女工大部分是青年，随着这些青年的结婚生育，厂办托儿

图30　民丰锅厂女职工

（图片来源：苏州市工商档案管理中心）

所就提上了议事日程。初办的托儿所只有一个阿姨照料婴幼儿，规模也不大。随着生育女工越来越多，托儿所由原来的 1 间扩充到 6 间，幼托人员也增加到 5 人。厂里还不定期拨出专款，给托儿所添置设备、玩具，目的就是让妈妈们安心工作。在 1984 年轻工局举办的"六一"儿童节汇报表演中，民丰幼儿园一曲歌舞"民丰娃哈哈"获得会演奖。坐在台下的妈妈们看在眼里，笑在心里，都说民丰锅厂的幼儿园一点不比城里的幼儿园差。

冶坊工人劳动强度大，干的活儿既脏又累。不少人下班时身上、脸上全是黑水和黑灰，自嘲说"我们是包黑子的后代"。公私合营前，全厂仅有一间浴室，工人们只能按技术工种轮流洗澡，每一批最多只能容纳 7 个人。一个生产班的工人轮流洗澡不能调换清水。工人们自嘲地说："这哪是洗澡，简直就是泥浆水里汏（吴方言，'洗'的意思）白萝卜。"

公私合营后，厂里办的第一件职工福利事就是新建了男女浴室。工人们无须分批洗澡了。随着工人逐渐增多，原有的浴室不够用了，厂里就在靠近铁锅车间的地方建了新浴室。利用一号、二号红旗炉回炉热水，通过铺设的管道，直接把热水输送到新浴室里。之后，又新建了第三处浴室。男浴室有池浴、淋浴，女浴室全部是淋浴。逢年过节，厂里的浴室还对职工家属开放。

洗澡问题解决了，厂领导就着手解决吃饭问题。公私合营前，厂里虽然也有食堂，但给予众人的福利极不合理，工人吃饭只有一份素菜，职员吃饭则是两荤两素一汤。公私合营后，厂食堂首先打破这不平等的分配法，其次补贴职工每人每月伙食费 15 元。所有职工都可以根据自己的喜好，任意选购饭菜。在 1962 年 2 月召开的职工大会上，厂方还修改通过了《食堂生活制度》，建立了膳管会，协助和督促食堂做好供应工作。食堂为改善职工伙食，添置了冷库、冷冻机、摇面机、电烘箱等设备。比如做夏令降温消暑饮品酸梅汤，过去都是用消毒水冷却后直接配制而成，后来不仅做到水质消毒，还经过冷冻机冷却。工人们都说："我们厂食堂做出来的酸梅汤，一点不比采芝斋卖的差！"

对职工普及文化和技术教育，也是职工福利之一。1956 年，全厂有职工 293 人，其中 40 岁以上的占三分之一，绝大部分是大字不识一个的文盲。厂里开办首期扫盲班，入学人数 133 人，脱盲 59 人。1958

年,全厂职工猛增到1 247人,其中文盲、半文盲560人,大多来自常熟、南汇等农村。厂里连续开办5期扫盲班,吸收270人参加夜校扫盲学习,扫盲率达99.78%。1960年,厂夜校从扫盲学习转向技术学习,先后开办铁锅技术短训学习班、制模技术培训学习班,有98人参加技术培训学习。1978年年底,厂里抽调一位大学修业并当过教师的同志担任专职教师,对青年工人进行文化补课,先后开设了初中数学班和初中语文班,入学人数106人,占当时应补课对象289人的36.67%。1980年,厂里开展文化知识与操作技能双补课活动,增设初中数学、语文各一班,制图、铸工、熔炼、电子各一班,学习人数共计140人。1981年,主管局组织文化普测,全厂参加数学普测的有245人,90分以上的仅有11人;参加语文普测的有245人,90分以上的仅有7人。针对这些情况,厂里配合主管局"双补"教育(专指中国20世纪80年代对青壮年职工进行初中文化、初级技术补课教育),先后办班11期,让这些青壮年职工逐一考核过关。

为使工人更多地接受文化知识,厂里还建立了图书室,有专人负责管理,每周除厂休日外,全天开放,方便职工借阅。图书室可供阅览的报纸有3种,杂志有30余种,文艺、科技类图书有3 500余册,连环画有近2 000本。图书室还开辟"读书园地"板报,刊登职工的读书心得。

与图书室相得益彰的还有工人俱乐部,下设文艺宣传队、乒乓球队、羽毛球队、篮球队、象棋队、业余摄影组等,丰富了职工的业余生活。难怪刚进厂的小徐惊喜地说:"我刚听说自己被分到民丰锅厂时,心里一下子就凉了。在我的想象里,做锅子的肯定又脏又累,哪还有什么文化生活!谁知道进厂以后,发现周围有很多人都是文娱体育积极分子,下班后,俱乐部里热闹得很。我参加的文艺宣传队,业余时间排练、演出,还参加过局里的汇报演出,生活非常充实!一句话,比起苏纶厂、鸿生厂来,伲民丰人吃喝玩乐的福利一点也不差!"

说起民丰锅厂的业余文工团,小徐就很得意。文工团成立于1955年9月,当时仅有20人,表演的节目只有快板、相声、独角戏等。到年底时,文工团吸引了50多人参加,附近厂的女工也来参加排练演出。文工团每年都为本厂和兄弟厂演出。1960年,厂里把每个周六定为"文娱活动日"。文工团配合厂里的中心工作,创作演出了《民丰解放

10 年》《技术革新结硕果》《歌唱标兵》《送犁下乡》等 50 多个节目，先后获得过苏州市总工会创作奖、活动奖、优秀演出奖等。文工团演出过的沪剧《如此营业员》《两匹疵布》、锡剧《夫妻之间》，老工人至今还记得谁唱的主角、说的是一个什么故事。

为工人谋福利，无论是物质的还是精神的福利，都需要投入资金。厂领导始终认为，这钱花得值得，因为只有关心工人的生活，包括业余文化生活，才能充分调动工人爱厂的积极性。从 1957 年起，民丰锅厂每年的职工福利补贴资金支出都在 6 万元左右，1972 年至 1982 年合计支出 524 802.15 元。

退休工人钱元德在 1987 年 10 月轻工局退管会组织的退休工人文艺会演中，以快板书《唱一唱我伲的民丰锅厂》获得三等奖：

木樨花开香喷喷，轻工舞台喜盈盈。
老年工人登台来，唱一唱伲民丰的好光景。
提起我伲民丰厂，解放前一片苦难说不尽，
三间厂房破又旧，风吹墙坍吓煞人。
解放后，民丰庆新生，公私合营齐欢腾。
全厂上下拧成一股绳，技术设备又更新。
产量好似乘火箭，全年突破百万只，
苏锅名牌销全国，质量上乘受欢迎。
生产长一寸，福利好一分，
托儿所，大食堂，外加一个俱乐部，
篮球、乒乓、拉胡琴，
伲民丰一年更比一年新……

灰冷中的暖意

炉火熊熊、机声隆隆的背后，也有被风雨拍打的一群人。极左横行的一段非常时期，因为"家庭出身"问题，厂里的一些人总是抬不起头来，且不说所谓的"四类分子"（地主分子、富农分子、反革命分子和坏分子这四类人的统称），就是厂里几个所谓的"摘帽右派""小业主"之类灰色成分的人多半也是抬不起头来的。

顶替父亲进入民丰锅厂的小陈很能讲,说起父亲,他的话就更多了,说得绘声绘色——

父亲喜欢喝酒,却非海量,三杯足矣。喝了酒话就多了,前朝后代、天南海北、城里城外,就像一团扯乱的线团,随便抽出一头就是长长的一截。与酒杯相伴的是一台枣红色的小收音机,接触不良了,听着听着就不响了,用手一拍又响了,因此常常能看见他一边"吱吱吱"地抿酒,一边"啪啪啪"地用手拍收音机,忙得不亦乐乎。那台小收音机早已破旧不堪,可父亲就是不舍得丢:"它跟我30多年了,还能听新闻呢。唉,那时候我最想听也最怕听新闻啊……"

父亲毕竟年岁高了,记性大不如前,但陈年旧账一笔笔都念念不忘。这时,家人懒得插嘴,因为一旦牵起40年前的话头,父亲就会喋喋不休地说下去,有时说着说着就流眼泪了:"天再冷,总没有别人的眼光冷呢。那一年,厂工会分鱼,我以为也有我的一份,谁晓得连片鱼鳞都没给我留下。"

我已经不止一次听过父亲的"分鱼故事",说那年小年夜,飘了点雪,西北风吹得紧。父亲裹了件蓝布棉袄,喜滋滋地告诉孩子们:"单位里要分鱼啰!我看见箩筐抬过来的,都是尺把长的青鱼,我来做熏鱼。"那年头买鱼是要"鱼票"的,一家一张,一张买一条鱼。孩子们兴高采烈,都想象着那条鱼该有多大呢。父亲带上一根很粗的麻绳,骑上他那辆老掉牙的"永久"快活地上路了,去厂里拿鱼一来一去要骑上个把钟头,从厂里回来后父亲什么话也不说。那根准备去绑鱼的麻绳也被扔到了墙角里。母亲与父亲是同一单位的,她悄悄地把我拉到一边,不无伤感地说:"别去问分鱼的事情,鱼是工会里分的,我们都不是工会里的人。"后来我才知道,那一天,父亲不但没有分到鱼,还劈面遭遇了别人的冷嘲热讽:"你一个小业主,又不是工会会员,你有什么资格享受工会待遇!"父亲哑口无言,潸然地回家。

别人的眼光比天还冷,那天虽然天寒地冻,但江南冬日的午后阳光还是很暖和的。像这样冰冷的眼光,父亲并不是第一次遭遇。

父亲喝酒喝到糊里糊涂的时候是极少的,那一定是遇到了十分伤心或开心的事。他退休后,有一次也是喝得酩酊大醉。那是他去一家商店做会计,年终时老板送来几瓶洋河大曲嘉奖他做账精细,父亲感激非常,讷讷地说:"我做了大辈子工作,少有人说我一声好,换个单位做了半年不到,人家就这么看重我……"说着说着就有些眼泪汪汪,上了年纪。他的眼泪好像特别多。我知道他定然又想起了那些被风雨拍打过的日子,别人总是斜着眼冷冷地看他,呼来唤去,没有人会顾及他的自尊心。

父亲的坎坷遭遇与他耿直得一点不懂拐弯的脾气不无关系,老年越见固执。比如家人好不容易凑齐吃顿团圆饭,说起窗外发生的稀奇古怪的事,免不了发几句牢骚,父亲总是眼睛一瞪,嗓门提高八度,而且一点不容旁人插嘴:"有好日脚(吴方言,'日子'的意思)过还不知足,说东扯西,就不想想当年别人用啥个眼光刺你……"

老父亲与我尽管在很多方面有"代沟",他说东我道西,但在这一点上有惊人的心灵沟通。因为"小业主"的成分,每次我要填什么表格时也是很尴尬的。那次厂里让父亲填一张"工会会员登记表",他工作近40年,还是第一次被人看成与大家一样的"工人",他再不会遭遇别人的冷眼了,他可以与单位同事一样领到工会电影票了。再没有分鱼了,否则他也会有一条的。老父亲快活得醉意蒙眬,含含糊糊地对我说:"天真的变了,我快活啊!"

(据1998年采访记录)

早已光荣退休的王师傅解放前在枣市街上开一家杂货铺,夫妻老婆店,就因为用了一个亲戚做伙计,固定资产核算时超过2 000元,解放初被定为"小业主"。上面有规定,"小业主"是不能参加工会组织的;传达中央文件,"小业主"也是没有资格听的。工人们都集中到饭堂里去听文件传达,"小业主"就要老实地待在车间里。久而久之,这些人便自惭形秽了,好像生来就是低人一等的。

其实,"小业主"无非是遭遇别人的冷眼,更难熬的还是那些被打入另册的人,如同那些被逼上梁山的人脸上被烫了金印,走到哪里都抹不掉一身的乌黑。

厂里有个搬运工,据说他是"逃亡地主",可大家怎么看他也不像电影里见过的"黄世仁""南霸天"。他穿着一身工装,袖口补了两块补丁,冬天里戴一顶带两个大耳朵的棉帽子,一只棉耳朵耷拉下来了,看上去和《智取威虎山》里的小炉匠差不多。他属于"群众监督"对象，因此，最脏最累的活就派给他去做。有几个老工人实在看不过去，想他也是奔60的人了，平日里都是抬头不见低头见的熟人，怎么可以这样去折磨他！于是，老工人在给他的小车里加炉渣时总是只加一半，他低着头不吭声，也不肯走，老工人就挥挥手说："走吧走吧，做不动你就歇歇吧。"

一天，中午吃饭，"小炉匠"完成10车任务后就端个饭盒来食堂，一看饭菜窗口排队的人多，他就蹲在墙角里等。这时，也不知是哪个浑小子在哪里受了气，竟走到"小炉匠"面前，大喝一声："站起来！"

"小炉匠"哆哆嗦嗦站起来，低着头。他在厂里总是低着头的，人们很少看见他有挺起腰板的时候。

浑小子又是一声断喝："滚出去！"

"小炉匠"低着头，哆哆嗦嗦向门口移动。

"回来！"一个正在吃饭的壮汉看不过去了，站起身叫"小炉匠"回来，回头责问浑小子，"你有啥权力叫他出去？"

浑小子指着壮汉的鼻子说："你，什么立场？他是地主。"

壮汉怒气冲天，厉声说："地主也是人，也要吃饭！"

浑小子不服气，还想争辩，被壮汉上去就是一拳："别跟老子犯横，你这种欺软怕硬的家伙，老子见得多了。"

浑小子自知不是壮汉的对手，翻了个白眼，灰溜溜地走了。

壮汉叫"小炉匠"坐到自己这一桌来，又关照自己的徒弟去给他买一份饭、一份菜。

在场的许多人都称赞壮汉做得对，也有人担心浑小子去厂部告状，告壮汉阶级立场不稳。

壮汉笑道："我爷爷是做锅子的工人，我父亲是做锅子的工人，我也是做锅子的工人，三代工人，响当当的无产阶级，我怕谁啊！"

"小炉匠"至死也不能忘记的是那一年除夕夜的事。窗外稀稀落落的雪已经停了，宝蓝色的天空冻得像一块冰，闪着点点寒光。"小炉匠"的家里照例冷冷清清，只有一个人、一盏灯、一盘菜、半瓶黄酒。厂里有人说他在老家时有过老婆，后来老婆吃不住农会的揪斗，上吊死了；也有人说他一直是独身，"逃亡"来到此地，从没见有亲戚来看过他。据后来厂工会的同志说，档案上写着他是江苏沭阳人，家住王葛庄，家里有 7 亩地。按当地土改时划定成分，他的成分是名副其实的地主。至于怎么"逃亡"来苏，又怎么进民丰锅厂的，档案上没有记录。

档案是死的，人是活的，可活着也像死了一样。"小炉匠"喝了几口黄酒，正准备睡觉，只听见有人敲门。开门一看，是厂里的老金师傅。"小炉匠"吓了一跳，不晓得自己犯了什么错，习惯性地把头低了下来。老金师傅从包里摸出一袋油氽花生米（那是要凭备用券买的）和一小饭盒熏鱼，搁在桌上，笑了笑，对"小炉匠"说："过年了，给你带点好吃的。"

"小炉匠"已经很久没听到有人用这样的语气对自己说话了，愣了半天，才噙着眼泪说："谢谢金师傅啊，其实我一个人也无所谓过年不过年了。"

老金师傅说："过年过年，一个人总归也要过的。别伤心，厂里有好多同事还是蛮牵记你的。"

"小炉匠"用袖管抹了一下眼泪，感动地说："谢谢厂里的同事，你们还把我当人看。"

那个除夕夜，窗外很冷，"小炉匠"的内心却很热。

"小炉匠"是 1979 年冬离开人世的。住在医院里时，老金师傅和厂里同事去看过他，他抓住老金师傅的手，流着眼泪说："谢谢民丰厂，谢谢大家，你们还把我当人看。"

冬天里依然有一缕春风，那是民丰人善良而温暖的情怀。即使在那个特殊的年月里，一些"灰色人群"也能感受到做人的尊严。有尊严的生活，总是值得人深情回忆的。

第五章

流火篇

——百年熔炉熄灭时

风吹皱一池春水

市场经济是相对自由和活跃的，然而它有时也会板着一张冷酷的面孔，毫不留情地转换着市场的供需面，紧俏的变得滞销，稀缺的变得泛滥，过热的变得趋冷。那些少为人用的东西，都会被时代毫不留情地淘汰。即便是像锅子、火柴、纸伞之类的日常生活用品，也不例外。高压锅、搪瓷锅、陶瓷锅、不粘锅、电饭锅、电磁锅、远红外锅相继登场，把简陋而笨重的铁锅逐渐挤出了市场。

铸铁高炉排出的废气、废水、废渣，对千年古城，尤其是对胥江两岸的优美环境是一个不小的威胁。数届苏州市人大、政协"两会"上，都有"拆迁民丰锅厂、还城市蓝天白云"的议案，甚至有记者撰文直接用"污染源"来形容冶坊的铁炉。"关停并转"（企业"关闭、停办、合并、转产"的简称）枣市桥一带的厂子，改造胥江两岸环境，已成为"两会"热议的焦点。

从《苏州民丰锅厂厂志》或者苏州市档案馆其他零星资料上，我们看到的都是1990年之前的情况。好像这一年是分水岭似的，把民丰锅厂一分为二。1990年之前，各车间正常开工，按计划生产，年年盈利，业绩辉煌，尽管利润逐年下滑，但民丰锅厂仍然是一家赚钱的企业。1982年，是民丰锅厂最辉煌的一年。那一年，全年生产铁锅118.41万只，铁铸管产量5 331.3吨，总产值达到611.12万元，全年利润达到95.25万元。从其他指标看，那一年也堪称"黄金时期"：铁锅品种突破44类，质量合格率达93.14%，每千张成本压缩到191.40元；铸铁管废品率控制在3.12%以

图31 《苏州五金》杂志上
民丰锅厂的广告宣传页
（图片来源：苏州市工商档案管理中心）

下，每吨成本压缩到345.76元；柴口铸件总产量477.69吨，废品率控制在11.79%以下，每吨成本压缩到424.20元。（图31）

1990年后，苏锅的库存开始积压，销路萎缩，亏损数字逐年加大。经营锅具的门市部一周都卖不出去十几只锅。所有人其实都心知肚明，民丰锅厂关门已是大势所趋、箭在弦上的事了。尽管厂里也想过其他办法，如为农业排灌铸输水铁管，为寺庙铸香火宝鼎，但这终究不是批量任务，零敲碎打，很难养活上千工人。况且铸宝鼎的技术含量很高，不是一般工人能胜任的。

1980年6月，厂里曾经应苏州市佛教学会要求，按原样复制古城西郊灵岩山万年宝鼎（原鼎已在"文革"中被毁）。复制涉及泥塑、雕刻、美学、宗教、考古、力学、制模等多种学问和工艺。技工李师傅和曹师傅接受任务后，多次实地察看本地寺庙现存的各类铁鼎，走访灵岩山上的知情僧人，了解原鼎的模样，根据收藏者提供的一张宝鼎照片，按比例测定尺寸，绘出图样，开炉浇铸。这座宝鼎由7级组成，高5.7米，宽1米，重2吨（图32）。民丰人铸宝鼎一炮打响，之后的两年里，民丰锅厂先后为9座寺庙铸鼎及其他佛器38件，名声远扬，也赚了些钱，但这毕竟是杯水车薪，仍无法阻止全厂利润逐年滑坡。

图32　民丰锅厂为苏州灵岩山
　　　铸造的宝鼎
（图片来源：苏州市工商档案管理中心）

风乍起，吹皱一池春水。进入20世纪90年代后，厂里人心浮动，窃窃私议，各种"小道消息"满天飞，大家都在揣测下一步怎么办。关停并转，哪一条路属于民丰锅厂？

工人去问干部，干部摇摇头一脸茫然；干部随后去问轻工局，局里回答是"等待"。等待什么，谁也说不清楚。虾有虾路，蟹有蟹道，有本事且脑子活络的人就打算"跳槽"了，绝大部分工人只能在惴惴不安中探询、观望、等待，一脸焦灼却无可奈何。那年头，饭碗对于工人来说是至关重要的。

王师傅是从苏北农场回城顶替父亲进厂的"老三届"（指"文革"中在校的1966届、1967届、1968届初中和高中毕业生）高中生，对于他来说，干活累一点、苦一点、脏一点都没啥了不起，在农场里上河工挥大锹，冒着零下6摄氏度的严寒，两只脚插在水里挖河泥的日子都扛过来了，进民丰锅厂运炉渣实在是小菜一碟。但是，厂子真要关门了，早已过了不惑之年的他还是感到一阵阵心慌，就怕丢掉来之不易的饭碗。他想起回城待业的日子里，当拿到去民丰锅厂的报到通知时，他激动得半夜没睡，床边的烟头落了一堆。这只饭碗吃了没几年，怎么就要打碎了呢？那一阵，他的烟抽得更多了，回到家里就闷闷地坐着，跟家人什么也不说，他怕家人担心。他叹一口气，对邻居说："再这样拖下去，我就要疯了。"

一日，曾经一起去农场的知青们相聚，王师傅心事沉重地被硬拽着去了。

"洞中方一日，世上已千年"，这是王师傅后来对这次农友相聚的说法。因为他发现当年一起摸爬滚打的知青们观念完全变了："活人还能让尿憋死？""人不能在一棵树上吊死""东方不亮西方亮"，这些饭桌上的话顿时打消了他的重重顾虑。他想，自己不缺胳膊少腿，脑子不笨，又能吃苦，就不信天底下就找不到属于自己的饭碗！像王师傅这样的"老三届"知青，民丰锅厂里有不少，大多是顶替父母进厂的。"老三届"有个最大的特点就是能吃苦，而且比他们的父辈更能接受新鲜事物。他们有点文化，但从后来"双补"教育中可以看出来，他们在学校里所学的那点知识早就丢在乡下了，所以要从单纯的操作工人成长为技术工人还是蛮吃力的。何况"老三届"回城后都已是老大不小的人了，要忙着赚钱、结婚生子，绝大部分人只求个"吃安逸饭"，最怕的就是丢掉饭碗。因此，民丰锅厂一旦风雨飘摇，对他们来说打击是最大的。

在人生的道路上，所有的人并不站在同一个场所——有的在山前，有的在海边，有的在平原，但是没有一个人能够站着不动，所有的人都

得朝前走。

王师傅拿定主意，决定向前跨出去，哪怕只是一小步，也要豁出去。他听说鸿生火柴厂要拿出厂里的场地，在胥门开水果批发市场，摊位出租价格也不贵，就托熟人去预定了一只摊位。他又请假回了一趟原先待过的农场，与农场果园商谈批销水果的事。农场年年都发愁苹果、桃子、梨熟了没人要，现在能在苏州开设窗口，真是好上了天的事情。农场不但答应王师傅可以赊销（每个果季销 15 000 斤，按成本价 5 折赊销），还主动承担运输任务。就这样，在民丰锅厂还没有摘牌前，王师傅就办理了停薪留职手续，放下了那只依依不舍的饭碗。

"走过去，前面是个天。" 王师傅逢人就说，笑容又回到了他的脸上。他的水果铺很快就开张了。开张那天，厂工会派人前去贺喜，车间里的工友都羡慕王师傅的好运道。过了一年，同车间有个女工，也是下乡知青，在种水稻田时把腰扭伤了，一到阴雨天就犯痛。她的孩子刚读小学，她一心想着出去找饭碗，但力不从心，所以愁上加愁。王师傅知道后主动去找她，民丰人帮民丰人，问她愿不愿到水果铺来看店。她很乐意，饭碗终于有着落了。

炉前工葛师傅就没这样乐观了，已经是"奔六"的人了，离退休还有几年时间，体力大不如前，再就业谈何容易。民丰锅厂要关门的传言给他带来的压力特别大。葛师傅 19 岁进厂当学徒，一干就是 30 多年，他对民丰锅厂的感情拿他的话说是"小媳妇与婆家的关系"，进了这家门，疙疙瘩瘩的事情也不少，但终究是一家人，一旦离别总是忍不住地伤感。那一阵，他吃饭不香，睡觉不安，吃过夜饭之后时常还要到民丰锅厂的门口来转转，就怕它一夜之间从胥江边消失了。

车间主任看葛师傅这样心神不定，知道他在盘算"身后事"，好几次来开导他，说厂里对每一个工人都是有感情的，即使厂门关了，也决不会对工人撒手不管。事后证明，厂里确实为像葛师傅这样的"40、50 人员"（指处于劳动年龄段的 40 岁以上的中年妇女、50 岁以上的中年男子，本人就业愿望迫切，但因自身就业条件较差、技能单一，难以在劳动力市场竞争就业的劳动者）办理了"协保"，还与再就业办公室联系出路。原民丰锅厂的工人有的去做了社区保安，有的去超市做了保管员，还有的自谋出路去了私企。葛师傅去了一家大超市，负责管理仓储中生鲜货物进出，对每批货物进行进出库登记，精力上还是能胜任的。他逢人就说："伲民丰厂对工人不薄，不会一脚踢开不管的，每个人都有安排，生活上都有着落了。"

心里放不下民丰

与王师傅、葛师傅不一样，年逾古稀的潘师傅是土生土长的苏州人，在民丰锅厂是跑供销的，浙东、苏北一带的乡镇几乎都有他的足迹。退休后，他最挂念的就是厂里的事，隔三岔五就要到枣市街上来转转。民丰锅厂关门后的第二年，潘师傅的老伴过世了，他一下子觉得生活没着没落的，心情变得忧郁起来。儿女担心老爷子的身体，就拿钱让他出去旅游散散心。潘师傅说他要去阜宁。儿女说阜宁在盐城的北面，一个小县城，又没有名胜古迹，旅游个啥呀？潘师傅执意要去阜宁，因为在跑供销时，那里是他分管的一个点，他在阜宁一家名叫"惠民"的旅社里住过半个多月呢。潘师傅搭上了去阜宁的长途班车，到阜宁一看，小县城变得他都不认得了，那家惠民旅社早就拆掉了。潘师傅在旅社坐落过的地方来来回回转了好几圈，他是在回忆那些在民丰的日子。那时候，每当他订出一批货，到邮电局去给厂里发电报"发阜宁 X 号锅 X 只"时，他便有一种成就感，心情是多么轻松啊！

说也巧了，阜宁邮电局有一位工作人员居然认出潘师傅来了，那时的潘师傅经常来邮局打长途电话或办理汇款，两人如久别重逢的好朋友，拉着手聊起当年的销锅事，好像聊着的是自己家里的事。

一位网名为"我为卿狂"的网友曾经是民丰锅厂的工人，他在新浪博客中倾诉了自己的"民丰情结"。1979 年 10 月，他从农村回到城市，去民丰锅厂报到，当了金工车间的一名锻工，工号是 603。回到离别 10 年的家乡，又进入这家坐落在枣市街西侧的国有老厂，他起初的兴奋劲儿就别提了。可是干了一段时间后，他发现整天与铁屑、钢渣打交道，既脏又累，就觉得烧香拜错了庙门。老师傅见状就热情开导他，给他讲生活的道理："生活生活，生就是要吃苦受累，才能活得有滋有味。"在 5 年时间里，他每天上下班都走在枣市街上，前 3 年是步行，学徒满师后就买了自行车，车轮压在老街的弹石路面上。后来，他离开了民丰锅厂，但时时都记得工厂仓库房就在这老街上。仓库北边有一座4层的青水砖楼，鹤立鸡群地站在一片老屋群中。再向西就是民丰锅厂的大门了，运送焦炭的船泊在运河里，吊机立在河边，输送带常年在向工厂运送焦炭，那是熔铸生铁用以浇铸铁锅用的。如今，他常常会开车过来，站在枣市街东堍西望，却已是时过境迁，怎么也找不到旧时的痕迹了。他说，他心中已然明白，除了胥江之外，这里已没有20世纪70年代看到过的景象了。

他在自己的网易博客中写道：枣市桥还在，胥江也在静静流淌，但一切已经物是人非，一切都已经过去了，民丰的高炉、库房、车间等都被拆掉了。（图33）走过曾经熟悉的地方，陌生如同隔世。世间事没有永恒，只有变幻，辉煌瞬间黯淡，热烈转眼冷落，一切的曾经都会变成"曾经"。

图33　今日枣市街

青年女工小秦是文艺范儿，在厂里时就喜欢写点诗，黑板报上还登载过她的诗歌。离开民丰锅厂数年后，她在《怀念》一诗中真切表达了对民丰锅厂的怀念之情：

曾经的炉火熄灭了吗
可是在我的梦中
仍能感觉到你的温度

曾经的铁锅冷落了吗

可是在我炒菜的"叮当"声中

仍能听到你的回声

我知道你再也不可能复活

青枝绿叶已然枯萎

但你的根须长在我的心里

记忆依然年轻和清新

20世纪90年代后期，苏州工人文化宫编印过《文化宫》月报，发表工人作者的文学作品。有一位署名"民丰锅厂晓霞"的作者发表了《最美的遇见》，其中写道：

没想到我在枣市桥堍遇见了我们厂的"老小孩"：白发满头的老妇坐在轮椅上，系着一条艳得有些过分的红丝巾；老头则是一身浅灰色茄克衫，推着轮椅走过民丰厂的厂门口。他们的青春、中年乃至老年，都奉献给这家锅厂了，对厂子的感情特别深。

橘色的夕阳洒在树影斑驳的空地上，平和的风吹着霜染的白发，他俩望着空空的厂区，久久不肯离去。

到深秋时，在枣市街上，我又遇见了这两位民丰的老前辈。

毕竟已经黄昏，而且是深秋，风有些冷了，记忆也有些冷了。老妇还是坐在轮椅上，围着一条厚厚的驼色围巾，手里居然拽着一根细绳，细绳上系着三只气球，红的、黄的、蓝的。老头在后面缓缓地推着轮椅，一边缓缓地走在夕阳里，一边缓缓地给老伴哼着当年最流行的歌："咱们工人有力量，白天黑夜工作忙……"

在河边，在夕阳里，这对老人停下来了，望着萧条的厂门出神。

过了些日子，天回暖了，我再遇见"老小孩"，却只看见一个人，推着一辆空了的轮椅。

老头缓缓地走着，走到厂门口，停下来了，出神地朝里张望着。

留不住的夕阳终于落下来了。

明天的太阳又是新的。

遇见，哪怕只是擦肩而过，留下的记忆也是最美的。

最美的记忆就飘散在民丰人的心里。

铸锅人的绵绵乡愁

被人喊作"张和尚"的张师傅其实年龄不小了,再过几年就能办退休了,在家里歇了半年病假。厂里考虑到他的情况,就提前为他办理了退休手续。他的老家在江阴乡下。离开民丰锅厂后,他准备回到乡下去住,那里还有几间老屋。张师傅想起家乡的滩簧(清代以来流行于江浙一带的戏曲剧种),心里就痒痒,嘴里就要哼几句。(图34)

图34　20世纪40年代苏州滩簧演出情形
(图片来源:苏州市方志馆)

麦子熟了,割了,扬净入库了,满眼青翠的稻棵还在分蘖、孕穗,这正是种田人忙里偷闲的时候,演滩簧正逢其时,所以人们习惯称滩簧为"麦黄戏"。不邀明星作秀,也不叫草台班子,演员都是刚刚从稻田里拔脚上岸的本村"小佬"(江阴方言,指男青年)和"丫头"(江阴方言,指女青年)。戏台也是现成的,用半生不熟的土坯码成长方形,薄薄地喷上一点水,夯实了,唱念做打是稳当的。戏台左右各竖一根竹竿,中间横一根铁丝可挂幕布。幕布一侧摆上几条长凳,是敲锣、打鼓、拉胡琴的人坐的。高成本的大戏是演不来的,像《珍珠塔》,至多只能演"见姑""跌雪""认母"之类的折子戏,还是土话很重的。但"山不在高,有仙则名",只要锣鼓家什一响,四乡八村的人都会像小溪一样淌过来，田埂上电筒光一亮一灭，笑语声一浮一沉，田鸡叫一踏一停，看戏的人很快就把不大的麦场挤得密不透风了。

赶上麦场演小戏，童年时的张师傅就很快活，那一顿夜饭就吃得很不安生，偏偏日头落得又慢，急得端着饭碗三番五次去麦场张望。尽管"麦黄戏"年年演，演的又是谁都说得出子丑寅卯来的帝王将相、才子佳人，但重复不等于乏味，陈词也未必滥调。对于面朝黄土背朝天的种田人来说，这是一种难得的艺术享受和休闲娱乐。何况那演翠娥的丫头是本村的靓姐，一举手，一投足，自是妩媚而柔情，尤其是圆润中略带沙哑的唱腔，也颇有几分锡剧名角王兰英的味儿，唱到"赠塔"时，她的眼睛里居然还隐隐可见泪光，一阵阵地勾起看客的悲喜。熟悉唱词的就跟着哼起来，就跟着感叹一身破衣烂衫的小方卿实在太可怜，那姑妈也实在太势利……

这都是在台上看得见的，其实台后还有一个角色不可忽视，没有他的参与，戏是演不成的。有人唤他"大和尚"，是张师傅的大伯，负责保管道具箱。箱子里有戏装几套，刀剑几把，钗鬟行头几副，最值钱的要数养殖场用淘汰下来的蚌珠缀成的那一座珍珠塔了。开戏前，"大和尚"是最忙的，台前台后挂幕布、摆凳子、搬道具。演"任务戏"《沙家浜》中"智斗"一场，人手不够，他也能充个匪兵甲什么的，不计工分，完全是尽义务，却总能做得一丝不苟。对他来说，演"麦黄戏"是他一年中最辉煌、最被别人看重的时候，也是孤身一人的他最不寂寞的时候。当锣鼓一响，演员上台，他往往就被挤到戏台一侧，只能笑脸盈盈地跟着唱腔摇头晃脑。及至戏尽人散，一弯新月倒挂在树梢上，悬在台前的一盏汽灯"丝丝"地快要熄灭，田垄上被踏停的蛙鼓又欢欢喜喜吵起来，才能看见他满头大汗地忙着清场。竹竿拆下来，幕布叠起来，道具归入木箱，找个人抬着，不无惆怅地回家去，他一年中最精彩的一幕就落下了。

浓浓的乡愁缠绕着张师傅，他终于可以无所牵挂地回家去安度晚年了，尽管"大和尚"早已不在人世了。

金工胡师傅也盼着可以回家与老婆团聚。他是大炼钢铁时从无锡乡下进城做工的，在民丰锅厂一干就是 35 年，工龄够了，可以申请提前退休回家了。他的老婆梅芳在乡下养蚕。养蚕是很辛苦的。"惊蛰"一过,蚕娘就要忙起来了,忙着把挂在墙上的蚕匾取下来,抬到河边去洗涮,忙着清扫蚕房,沿墙根四周撒上石灰,忙着给蚕种准备火盆、暖箱、被褥,从喜鹊叫枝一直忙到乌鸦归巢。

梅芳像所有的蚕娘一样,忙得脸色灰黑、眼睛血红,所有的辛劳都是在等待新生命在早春诞生。梅芳整天猫在蚕房里忙碌。蚕房是一间废弃的碾屋,磨盘上能搁下一张蚕匾。梅芳在磨盘一边用竹架支起两张蚕匾,铺开百来张蚕纸,捂上棉被,烧热炭盆,然后搬张竹凳静静地坐在墙角里。她是在等待自己的孩子蠕动着来到这个世界,完成长大、结茧、成蛾、产子这奇妙的一生。

数日后,蚕房里的炭盆撤走了,茧花开满山。梅芳终于可以松一口气,可以回屋睡一个囫囵觉了。胡师傅最愧对的就是老婆梅芳,家里常年养着10多匾蚕,都是老婆一个人在张罗,自己住在厂里,一年也回不了几趟家。

原以为回家的欣喜可以抵消对民丰的留恋,可是回到乡下后,胡师傅还是惦记着厂里,隔三岔五给老同事打电话,第一句话就是:"倷伲(无锡方言,"我们"的意思)民丰锅厂哪样啦?"回到乡下半年还不到,他就搭乘长途车来苏州,水也顾不上喝一口,就直奔民丰锅厂而来。在早已落寞的厂门口,他来来回回转悠着,想着那些流水般过去的往事。

然而,有什么妙法呢?不舍得也罢,依依惜别也罢,当百年炉火渐渐熄灭时,不少老工人都是噙着眼泪离开民丰的。进民丰锅厂时还是生龙活虎的小伙子,离开时已经是白发满头的老人了,他们火热的青春、蓬勃的壮年,都是伴着熊熊炉火度过的。一位姓胡的老人偶尔去逛文庙藏品市场,见到地摊上有一枚民丰锅厂的厂徽,喜出望外,立马要买下来。摊主见状,开出高价200元。经

图35 苏州民丰锅厂厂徽

(图片来源:苏州市工商档案管理中心)

过一番讨价还价,胡师傅最终以 150 元的价格将其收入囊中。老友聚会时,他小心翼翼地摸出这枚厂徽,得意地说:"这是我们厂的厂徽啊!"(图 35)

百年是一个大轮回,轮回中有风雨交加、酸甜苦辣。苏锅的前世今生令人感动,感动之余也不乏深深的遗憾。

枣市街上的枣香飘散了,炼铁铸锅的铁炉悄然熄灭了。

摘掉厂牌以后

1994 年,民丰锅厂并入苏州钢铁厂(江苏苏钢集团公司前身)。(图 36)

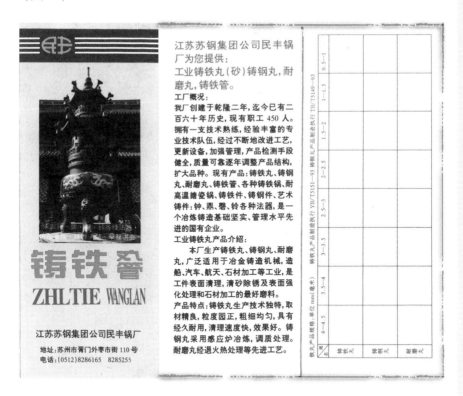

图 36 并入苏钢集团后的民丰锅厂宣传折页

(图片来源:苏州市工商档案管理中心)

2004年，民丰锅厂生产车间从城区搬迁至浒关苏州钢铁厂厂区，原城区土地整体出让给苏州市吴中集团。从此，历经百年沧桑的苏州民丰锅厂淡出了人们的视线。但是，既然贯穿古城东西的那条路是以冶铁的名匠"干将"命名的，那么，冶炼铸造工艺就不会就此终止。不铸铁锅了，它的另一个分支在青铜器制造上延伸下去，仍然可见金属的熠熠光辉。

1998年秋的一天，在太湖边只有20多名工人的民营企业——苏州市石湖工艺铸件厂里，一口高约3.6米、超过8吨重的青铜大钟正在制造中。大钟铸成后将送到天津大邱庄的大愿极乐寺。厂长唐福林说，他们的铸钟及青铜器制造工艺都是精益求精、远近闻名的，因为这些工艺源自苏州历史上名气不小的民丰锅厂。

铸造一口内部中空的铜钟，要先制模，制造内模和外模，造好后装配在一起，在二者之间的空腔注入烧熔的青铜液体，冷却后打碎外模，取出内模，再经过打磨抛光，一口精美的青铜大钟就诞生了。铸钟的原理不难懂，但铸造过程很复杂。佛教寺庙用的铜钟一般重几吨甚至几十吨。如果把铜钟分解为几个部件，各自铸造完再焊接的话，钟体强度不够，无法悬挂，敲击时音质也大受影响。所以，铸造铜钟必须一次成型。这对制模的要求极高。铸一口铜钟往往要花上三四个月，真正浇铸和冷却不过三五天，其他时间几乎都花在制模上。这是整个铸钟过程中，决定钟能否铸成，最复杂、最关键的一道工艺。内模、外模制作好后，用吊车吊起装配。装配稍有差错，铸好的铜钟就会变形。比如大愿极乐寺里的铜钟高3.6米，装配误差不能超过2毫米。

石湖工艺铸件厂除了铸钟外，还制造香炉、塔刹（宝塔顶上的金属塔尖）、宝鼎等青铜法器。工人们都说，厂里采用的大型青铜器制造工艺，都传承自民丰锅厂。著名的苏州观前街玄妙观三清殿香炉、上海龙华寺七宝塔塔刹、宁波阿育王寺钟楼幽鸣钟等，都是"民丰制造"。

唐福林的岳父张炳泉从13岁起就在民丰锅厂里做工人学技术。改革开放后，许多宗教场所重建，当时在民丰锅厂的张炳泉带领厂里所剩无几的老技术工人，恢复了中断几十年的青铜器制造工艺。玄妙观三清殿外的香炉是民丰锅厂1981年铸造的。当时厂内外很多人只看到最后一天的浇铸，不了解前面复杂的工艺，因此有"玄妙观香炉一夜造好"

的说法。

民丰锅厂因污染和市场原因逐步减产，1994年并入苏州钢铁厂后，张师傅一度很失落，很沮丧，也很不甘心。他退休后，说服农村医生出身的女婿唐福林办起了石湖工艺铸件厂，专门生产宗教用青铜法器。唐福林坦言，一开始自己在老丈人逼迫下学习青铜器制造工艺，真的很辛苦。20世纪90年代中期，他到东北出差，发现千里之外的长春、沈阳几座寺庙里的香炉和铜钟都是民丰锅厂铸造的，顿时感到非常自豪，回来后，他就对这一行不再怨恨了。加之很多地方在兴建寺庙道观，这一行的市场前景很不错，他对这个行当产生了浓厚兴趣，在老丈人去世后还能一直坚持下来。如今厂里每年制造大型青铜器20多件，年营业额数百万元。

唐福林也有苦衷，常常感叹民丰的老一代技术工人很多都不在了，青铜器制造技术后继乏人。造一件青铜器，整个制作流程分为设计、制模、浇铸、打磨等工艺环节，需要用到泥模法、失蜡法、翻砂法等不同的铸造方法。要掌握全套技术，至少得在老师傅手把手教导下学习和实践3年。这一行的工作环境非常恶劣，经常跟泥土打交道，车间里不能装空调，冬天冻得发僵，夏天热得冒油，只能咬咬牙忍受；甚至在浇铸金属熔液时，稍有不慎还会引起金属熔液爆炸。这些情况让现在的年轻人敬而远之。据了解，目前厂里的10多名技术工人，平均年龄超过50岁，唐福林自己已是60多岁的人了。由于技术工人数量有限，工厂很难再扩大生产规模。大型青铜器的需求有个性化的特点，不可能大规模成批制造，因而难以吸引大规模的金属铸造企业参与其中。这种带有一定手工作坊特点的行业，后继无人似乎是必然的，也是可悲的。

民丰锅厂的厂牌摘下20多年后的一天，中央电视台热播《舌尖上的中国》，居然带火了章丘铁锅。章丘铁锅是济南市章丘区传统手工锻造的锅具，其制造须经12道工序，多遍火候，1 000摄氏度左右的高温锤炼，经受万次锻打，直到锅如明镜才完工。好多人都被章丘铁锅圈粉，纷纷求购。章丘铁锅销售火爆一时，最贵的铁锅甚至高达上千元。

一些老民丰人聚在胥门的茶室里，很自然就由章丘铁锅而说到民丰铁锅："如果……唉！"跟着一声长叹。

"如果苏锅还在生产,伲民丰锅厂拿出来的锅子不会推板(吴方言,"差"或"不好"的意思)的……"跟着的还是短吁长叹。

这世上没有如果,只有结果与后果。

苏锅曾经的辉煌一幕就这样落下了,不再开启。

老民丰人还在做"如果……"的假设,茶香满屋,笑语欢声。

附录二
铸锅人的习俗、行话

习 俗

冶坊铸锅有千年的历史，形成了铸锅人特有的一些习俗。例如，逢农历初二、初八、十六、廿三发荤（吃肉）；夏天发"折席"钱，冬季发"折被"钱；春炉、秋炉开工时为工人"接风"办酒，停炉时则开设"送行"酒席。

行 话

1. 和尚堂：冶坊劳动强度大，脏、累、热、苦，所以过去都是男人从事此业，故称冶坊为"和尚堂"。

2. 冶十万：封建时代的冶坊划区生产，分域销售，春、秋二季开炉，夏天制作泥模。木炭、松烟墨煤越陈越好，储量要求非常丰厚。大麦、小麦成熟的季节，铁锅旺销，其他时期存锅较多。当时估计要备有10万元资金才能开炉周转，故称"冶十万"。

3. 大司务姓许，传子不传婿：无锡铸锅做锅模车样的技工被称为"大司务"，沿袭保守的传统，做锅模车样的技术只能传给许姓子孙，不能传给女婿。

4. 三根橼子头：学徒工在入行前必须正式在无锡项王庙行拜师、做戏、办经等礼节，请司务入宴后才能被公认为学徒，才有资格到冶坊吃"白饭"（拿到正式工的工钱）或做替补。谁若不经过项王庙的拜师礼而私下收学徒，要被绑在项王庙的香炉脚上受处罚。"三根橼子头"指的就是这道门槛。

5. 吃别头:"管作"(工头)克扣别人应得的工钱。

6. 大麦熟来小麦青,冶坊工人大担心:这一时节,春炉将停,工人担心秋炉生意能否继续,自己的饭碗能否有着落。

7. 冶坊工人苦黄连,做半年来歇半年:指季节工,做工时间短,劳动强度大,生活苦。

8. 立夏吃蛋,卷铺盖滚蛋:每逢立夏节,冶坊常常会辞退不少工人。

9. 鸡叫做到鬼叫,两头摸黑苦煞人:冶坊工人起得早,睡得晚,早出夜归非常辛苦。

10. 黑脸黑肚皮,成婚有问题:冶坊工人满身脏黑,找对象往往成为大问题。

11. 学技艺,拜师傅,没有钱,莫奈何:旧社会徒工学艺是要花钱的,没有钱就无路可走。

12. 十足工,八厘钱;不做工,多拿钱:这是工人对工头的怨恨。指本领十足的工人,只得到八成的工资,而不做工的工头,却比别人多拿工钱。

13. 工作做重头,工钱拿零头:这是风箱工的控诉。过去拉风箱的活又重又苦,而工钱只有技工的25%。

14. 烂泥水里汰白萝卜:旧冶坊的浴池小,浴水脏,工人把洗浴比喻为白萝卜在污水里汰。

15. 十二月半近年关,工人大闹"草铺间":"草铺间"指的是旧冶坊给工人住的宿舍,"草铺"则是指住宿条件简陋和艰苦。农历十二月半临近过年了,工人就要离开"草铺间"回家乡了,所以开心得大闹大叫。

(摘自《苏州民丰锅厂厂志》,有改动)

后　记

　　记忆中有一口硕大的浴锅，直径有一丈余，砖砌在老家村西首一间澡堂里。过了大寒，寒风凛冽，田垄积雪，小河上冻，连麻雀都缩在屋檐下冷得瑟瑟发抖。正是农闲时分，村里人便想着过年前要洗浴了。抱两捆稻柴入灶间，挑上两担水置于锅内烧热了，满屋子热气儿弥漫，穿件夹袄都冒汗，就可以爬进锅里洗浴了。孩子浴过女人浴，女人浴过男人浴。老家的男女老少过年前必须浴得清清爽爽才可以去祭祖，去拜送灶王爷。

　　村里人家多，每天只能安排十来户人家洗浴，谁先谁后还是要抓阄的。

　　我小时候浴过一次，只觉得那锅光滑如碗，大半个身子刚好埋在热水中，浴过后浑身血脉舒张，由外而内地透着热，如同现在置身于韩式汗蒸馆里一样。据村里人说，这口浴锅有些年代了，是村上一家富农摇船到苏州去买回来的，父亲小时候就用这口锅洗浴了。

　　写《百年民丰》，翻阅民丰锅厂的前世今生，可以推测老家那口浴锅大约就是闻名江南的苏锅，历经半个多世纪都没有一丝裂痕。如果留到现在，估计可以进"苏锅博物馆"了。不幸的是，这口浴锅在"十年浩劫"初期被城里来的娃娃们砸碎了，因为那锅沿上影影绰绰刻有"民国卅二年制"的字样，而且那锅是村里的富农买回来的，"民国"加上"富农"，莫非想要变天不成？于是，不但浴锅被砸烂，浴堂的墙门也被推倒了。村民们后来怎么冬浴的，我就不甚清楚了。

　　浴锅可以砸烂，但关于浴锅的记忆依然清晰。尤其是我应苏州市工商档案管理中心之约，为民丰锅厂的苏锅立传，对其久远的铸冶史和铸锅人曾经辉煌的岁月印痕，更是情有独钟。苏锅的招牌是历代铸锅人擦亮的，其行业之根可以追溯到北宋时期，那还是写《岳阳楼记》的范仲淹在苏州兴办府学的时候。从选料、翻砂、制模，到冶炼、浇铸，再到磨边、抛光，大的如蚕匾，小的如掌心，一只苏锅的诞生要倾注历代铸锅工匠多少汗水！

　　锅的传奇，厂的历史，犹如沙里淘金，筛选和梳理总是很辛苦的。且不说采访尚健在的厂史见证人，就是查阅档案、翻拣资料、摘录厂志、制作卡片，也是一项项细致而繁琐的工作。世界上怕就怕"认真"二字，大凡认真去做了，总是能做好的。

　　鼓励我完成任务的是苏州市工商档案管理中心的朋友们，数易其稿，几经修改，乐此不疲，及至最终定稿。感谢他们的辛勤付出；感谢所有接受我采访的朋友们所提供的珍贵资料；还要感谢苏州市地方志编纂委员会办公室和苏州市方志馆为本书提供了部分宝贵的照片。书中未标注来源的图片均为苏州市工商档案管理中心工作人员自行拍摄。

　　老家那口已经破碎的锅，在我的记忆里还冒着丝丝温热的乡情。

孙骏毅
2021年2月